修訂版

感謝孩子的 不完美

用花精幫助孩子穩定情緒

林玟均—著

Healing*herbs*
BACH FLOWER REMEDIES

感謝植物學家朱利安 · 巴納德博士（Dr. Julian Barnard）授權本書使用花精植物照片。他於1988年成立伊琳赫伯公司 (Healing Herb Ltd.) 遵照巴赫醫師的製作方法，採用野生植物製造生產品質優良的花精產品。

英國官方網站

http://www.healingherbs.co.uk/

臉書粉絲頁

https://www.facebook.com/DrBachHealingHerbs

謹以此書獻給我的先生

謝謝你

在我迷惘的時候，給我指引

在我痛苦的時候，給我安慰

在我遲疑的時候，給我無比的勇氣

在我孤獨的時候，做我最好的朋友

巴赫花精的三十八型人格
最緊密的觀察書寫　　　　王理書（Mali）

　　Maggie 跟著李穎哲醫師學習使用巴赫花精多年，逐漸地，從一個受用的媽媽成為一個可以為人調配花精處方的老師。這段精采的成長經驗，可能是許多媽媽羨慕的典範。到底，她是如何下功夫的呢？連我都充滿好奇想去了解。今天，有幸為新書寫推薦文，終於滿足了我了解的渴望。

　　對我而言，這是一本學習巴赫花精，想要了解巴赫花精的三十八型人格在兒童的展現、最傳神的記錄。特別是針對台灣中產階級的都會孩童，在內心能量與外界環境要求的衝擊與因應，最緊密的觀察書寫。

　　花精，是連結我從心理治療領域來到靈性療癒世界的橋樑。

　　在心理領域，我們透過談話、畫圖、舞蹈……各種可能的方式，理解與同理孩子，接納與鼓舞孩子，支持孩子化解情緒，學會新的情緒、學習、人際策略……來支持孩子平衡而健康的

心理發展。有時候，更危機的困難孩童，還需要配合親職教育，從改變父母的眼光和教養方式來輔助。

而花精，在我開始使用的十年前，還是只有少數人知道的稀奇玩意。到底花精是什麼呢？是不是精油呀？在你即將讀到的這本書中，對此有清晰的介紹。我的經驗是：花精在情緒上面的支持，以及長期使用後，在孩子人格的薰陶與教化所產生的支持力……開啟了我當時的眼光。

「什麼？喝花精水或是用化妝棉貼敷，就可以舒緩情緒？那我們心理治療學那麼多年，要來幹什麼的？」能看到，花精對情緒平衡的支持力，在當時，我是用這樣任性的吶喊來打開的。然而，這是一種療癒的典範轉移，核心的提問是：「情緒療癒，到底是怎麼發生的？」

閱讀文章，我很欣喜看到，一個個生動的例子。這些孩子的日常習性與特別性格，在班上發生的生動故事以及孩子內心的痛楚和父母的無助……如此細膩生動地被描繪出來。

在 Maggie 的巧心慧眼下，我們看到這些孩子，在某個角度，剛好可以用巴赫花精所針對的典型人格或情緒模式，相互對照。

從閱讀的故事中，我們發現，當孩子在被介紹使用巴赫花精時，會先被用理解的眼光碰觸，聆聽花精提供者的溫柔解釋，了解到自己原來有這樣的行為，並且，孩子有了意願：「我願意試試看，我想要在……時候可以更放鬆。」「我想，我想要

透過……花的支持，來放鬆。」

　　這個層次，就是作者的溫柔和慧心，也就是，療癒始於愛的專注力的匯聚。透過提供花精的這個歷程與父母的對談，加上解釋給孩子聽並詢問孩子的主動意願，這都是編織在療癒毯子的紗纖與花紋。

　　對我而言，花精療癒的巧妙之處，在於這場儀式中，符合了我們內心最原始，對於療癒的神奇渴望原型，「如果有一個小瓶子的神奇藥水，能讓我生氣時就平靜下來，該有多好。」「每個人，最終的療癒者就是自己。」雖然沒有明說，在我閱讀書中花精故事時，我感受到，能夠從求助母親的各種困擾中爬梳出如此清晰與溫柔故事的她，已經一步步在喚醒，父母以及孩子內心的療癒者了。於是，在這美好的片刻，花精瓶子就傳遞了這份療癒的喚醒，孩子帶著一份信任與盼望，無論是貼敷或喝下也好，都願意試試看。這時，才來到了情緒療癒的能量層次，頻率的微調……這是花精對於情緒療癒的本質。若沒有前面的鋪陳，花精的能量療癒成效，即使沒被打折，也無法百分百傳遞。

　　花精，利用同類療法的原理製作，透過水的承載，調和情緒的頻率，並傳達一種更和諧細緻的訊息，協助使用者身心系統回復平靜祥和的狀態。這便是來自大自然的美好禮物——植物的本質療癒力。一旦逐步接受了愛的訊息，情緒的放鬆會是最快的回應，接著是行為以及思想的平衡和整合。

我喜歡巴赫醫生的話,尤其是,人格花精的美德訊息。例如:線球草,幫助我們發展人格正向美德——堅定。這是一種「置中」的力量,找到身心的平衡點,不吝分享心中的躊躇,勇於求助,以堅定的信念取代猶豫的天性。

對我而言,這是療癒三部曲的最終章。從溫柔的觸碰與了解切入的開始,承接以信任並導入大自然療癒力的能量療癒,最後,在療癒好能量的支持下,孩子得以在性格發展中,從陰影走到陽光面,長出不同花種人格的正向力量。這被巴赫醫師稱為「正向美德」的美好指導。

在我眼中,所有的療癒法門或媒介(花精)都是渡船,載我們渡過人生的淺灘。然而,渡岸後,栽植自己的茂密森林,建造自己穩固的人格世界,進而提供路過或居住的人美善的園地。巴赫花精的美好與教導,也在於這裡,每朵花都有其陰影性格和美德,這兩者同時俱存。

閱讀本書的讀者,你會在本書的生動描繪中,捕捉到你孩子的影子,或相似的困擾和拗性子。那是渡船的開始,而永遠別忘記,從花語中,你還能窺見,渡岸後的美好風光是什麼。能在日常生活,每個互動,每種鼓舞,都支持孩子培養人生的美德,是我們能給孩子最好的禮物,日日夜夜。

本文作者為資深情緒與親職教育老師
人格蛻變卡與吟唱祝福卡作者

運用愛與自然的力量
成就一段完美的蛻變　　陳圳崎

　　收到邀稿訊息的時候，真的相當訝異，因為我並不了解花精是什麼，但是當我閱讀完《感謝孩子的不完美》一書之後，我理解了作者希望請我由第一線的中學教育現場分享關於孩子情緒上的現象，來協助徬徨無措的孩子以及無可著力的家長，度過這個大起大落的情緒過渡期。

　　身為一個中學導師兼數學老師，再加上家中有三隻年紀相仿的寶貝蛋，幾乎每一天都會面對到這些小大人的情緒問題。在喜、怒、哀、樂四大情緒中，需要協助處理的基本上都是負面感受。首先，當我在協助孩子面對情緒時，我習慣把『情緒』當成『問題』處理，這樣的思維可能與我的個性有關，一方面是自己非常樂觀，再者，本身的理性遠大於感性。因此，慣用的方法都是將『處理心情』換成『處理事情』。既然已經將情緒歸類成為一個事件與問題，接下來便是要分析問題的『因』和

『果』，中學生的情緒來源到底有哪些？基本上分成四大類：課業壓力（25％）、人際關係（25％）、身體狀況（25％）、不明原因（25％）。

　　課業壓力形態的情緒，主要是孩子的自我要求較高，處理起來通常要從心理層面輔導。而我常常建議的一句話是『慢慢來比較快』，客觀地給予更有效率的學習方法。學習效率增加了，心理的不踏實感也會隨著改變，大約有七成孩子在成績改善後情緒恢復穩定，其他三成則因為個性較執著也許必須輔以其他方式加強穩定情緒。

　　人際關係形態的情緒，分成親子關係、同儕關係、兩性關係三大類，情緒的形成大多是認知不同所致，雙方都認為『你怎麼都不了解我』，而我常常建議的一句話是『退一步視野比較廣』，當雙方過度重視對方時，焦點都集中在一個人身上，就像照相的時候越是放大，就讓看到的範圍越小，為何不讓自己改變觀點，往後退一步，照片能容納的人事物都會增加，不要過度關注單一對象，也就是轉移焦點的建議，可利用這建議改善大約七成情緒。當然，個性若是較為執著的孩子，還是需要其他輔助方式。

　　身體狀況形態的情緒，超過七成都是沒睡飽，而沒睡飽就是因為熬夜。熬夜則部分是因為念書而部分是鬼混，念書方面算第一類型屬於效率問題，鬼混者大多因為 3C 產品，我常常建議的一句話是『運動是最好的良藥』，運動不但可使孩子不過度

使用 3C 產品還可以增加免疫力，一舉數得。但若因睡眠品質不良者，還是需要其他的方式協助。

不明原因形態的情緒，常遇到孩子的狀況是『心中有話千萬語，不知如何告訴你』，對這類型的孩子，導師只要扮演聆聽的角色，他們就會慢慢地訴說，雖然內容千奇百怪亂七八糟，時常是沒有系統沒有邏輯的想法或感覺。但是，當孩子有出口可發洩，大約七成都可減少情緒的起伏或低落，當然還是有三成類似鬼打牆的狀況十分難以溝通者，也許還需要另外的輔助方式。

對於面對孩子們的情緒處理，有點像是大禹治水，給予一個出口加以引導，但是引流速度卻不見得盡如人意。閱讀完本書之後，讓我思考到，花精若能藉由自然界的能量協助引導轉化負面情緒，對於中學階段的孩子會有很多的幫助，因為能沉澱情緒的孩子，學習表現會正向改變，在思維上也會因穩定的情緒更能替別人著想，就像毛毛蟲蛻變成蝴蝶的過程，花精給予了輔助的能量，相信孩子的蛻變定可更加順利。

本文作者為台大電機碩士
現任中學導師與數學老師
黃麗春國際耳醫學研究培訓中心研究員

感謝孩子的不完美

父母都好愛、好愛自己的孩子！

孩子也都好愛、好愛他們的父母！

在孩子的眼中，父母是他們的唯一，也是他們的全部！

因為太愛太愛了，所以想要時時刻刻黏在父母身邊！不願跟其他的手足分享親情、不願父母消失在視線外、不願進入團體生活、不願自己睡覺、不願長大獨立、不願面對父母失望生氣的表情、不願表現脆弱無助的樣子，於是就用許多負面的行為，去武裝掩飾他們自己，好讓父母滿心歡喜地愛著他們！

但，我們就是太愛孩子了，才總是放大檢視他們的不完美！

我們希望孩子可以正常作息、高大強壯，於是陷入追逐發育平均值的生長迷思中。我們希望孩子可以品格端正、習慣良好，於是開始絮絮叨叨地批評比較。我們希望孩子成績優異、頭腦聰明，於是不辭辛勞的將珍貴的親子時間，耗費在奔波補

習的路上。希望孩子可以把我們當成無話不談的知心好友，卻在聽到負面消息時張大眼睛，無法置信。

還記得第一次的超音波，看到閃爍心跳的感動嗎？還記得那段臃腫的歲月，與肚子裡的寶貝患難與共的時光嗎？還記得抱著剛出生的寶貝，四目交接的瞬間嗎？輕撫著肚子裡的寶貝，懷胎十月裡，母子之間說了那些悄悄話？

咬緊牙關、耗盡全身力氣，將他們帶到世界上，我們最希望聽到醫生說什麼？

是的！健康就好！親愛的寶貝，我要你健康就好！

可惜，我們越來越貪心，他們越來越洩氣。

是我們錯了嗎？還是他們不夠好？是我們要求太多？還是他們沒有努力做到？

親子間最初始、最純然的愛，於是越來越沉重，越停滯，直到煙硝四起，衝突不斷！

我自認是個不太完美的母親，常常跟孩子聊天聊到忘了簽聯絡本，常常因為週末出門玩了兩天而來不及洗睡袋球鞋，常常跟孩子一起窩著想把書看完而懶得洗手作羹湯，想做的事太多而沒有天天洗衣拖地收拾家裡。因為喜歡巴赫花精，研究巴赫花精，開始願意接受包容孩子的不完美，不過該有的日常規矩我還是會再三叮嚀、不禮貌闖禍打人我也會馬上板起面孔問

原因，粗心大意考八十幾分、功課亂寫我還是會很生氣。（這樣告白，會不會太誠實？）

巴赫花精，並不是坊間所謂的芳香療法中的精油，而是將植物花朵或枝椏，經由日光照射法及煎煮法製作出來的母酊劑，經過稀釋而成的藥物劑型。三十八種花精，代表著三十八種負面情緒的原型，必須誠實面對自己，才能接收到花精正確的訊息，協助我們平衡種種負面情緒。

研究花精後，發現瞭解自己很難，看別人總是比較容易！於是我成天捧著書，圍繞著兩個小孩打轉，無時無刻偷偷拿著放大鏡檢視他們的情緒，如獲至寶的發現他們的不完美（寫到這裡，真不知道他們是倒楣透頂呢，還是萬中選一？）

常常邊洗碗邊問哥哥：「今天在學校好不好啊？」

「不太好！」

（下一秒發現媽媽早已瞬間移動到孩子身邊，睜大眼睛準備聽故事開花精）

還不太會表達的弟弟，又吵又鬧在地上滾來滾去，費盡心思表演一齣大鬧劇，想博得大人的同情與注意。卻發現媽媽不只沒有掉入自己的陷阱，反而捧著一盒三十八瓶花精，抓準時機將花精棉片貼得自己手臂、臉頰、脖子到處都是，自討沒趣下早早擦乾眼淚收工，還比較實際！

誤打誤撞幾年下來，媽媽變成老師，而小孩變得誠實！他們很願意跟我分享自己的壞情緒，我也漸漸變得越來越懂他們

的真性情。我可以區分出孩子是故意的還是不小心，也可以慢慢理解他們不知道該如何表達的委屈。偶爾會有種錯覺，手裡牽著的孩子們，並非跟隨著我朝向未來邁進，而是領著我回到過去，穿越童年許多的記憶與陰影，重新看見自己塵封許久的內心。

是的！我們都該感謝孩子的不完美！

因為這樣，親子之間才能更親密、更靠近！
因為這樣，我們才能有許多機會修正彼此的誤解！
因為這樣，我們才能將生命活得更深、更美！

作者介紹╱

在美國接觸並研究花精十餘年，返台後曾任 IFEC 國際花精研究推廣中心花精專任講師與諮詢師。專攻兒童情緒與女性議題。

身為母親與諮詢師，在平日教養與諮詢過程中，發現透過巴赫醫師的觀點，理解孩子的天賦個性。運用巴赫花精這一系列簡單、純粹、無副作用的訊息產品，快速舒緩負面情緒，有效化解親子衝突。希望透過這本書，提供手足無措的父母們，另一個思考方向，解讀孩子們情緒背後的語言，找到更輕鬆地教養方法。

著作：巴赫花精療癒卡 (巴赫實業 2015)
臉書粉絲頁：我就是愛聊花精
Line@ ID：justbachflowers

Content

三十八種花精 依類型排序

Content

Part 2 什麼情況適合使用哪種花精 <small>依英文字母排序</small>

Part 1

認識巴赫花精

巴赫醫師的生平與簡介

　　巴赫醫生（Dr. Edward Bach）於 1886 年 9 月 24 日誕生在英國伯明罕附近的一個小村莊。雖然他的童年在平凡中渡過，但是他從小就擁有敏銳的直覺力及一顆悲天憫人的心。十六歲離開學校後，陸續在父親的鐵工廠跟旅行社工作，雖然這些職業不是他真正的興趣所在，但由於這些機會，令他接觸到形形色色的人，對人性有更深了解。

　　巴赫醫生先後就讀於伯明罕大學醫學院與倫敦大學醫學院，取得內科、外科醫師學位，又於劍橋大學取得公共衛生學位。二十六歲畢業後的第一份工作是擔任急診室醫師，並且進入大學醫院擔任細菌學助理，研究免疫學。後期在高級私人診所林立的哈維街開業並且成立自己的實驗室，成為一位病理學家與細菌學家研究疫苗。

　　由於繁重的醫療工作加上研究與教學，他於 1917 年罹患惡性腫瘤，開刀切除後被同事診斷為末期，建議回家休養。但巴

赫醫師一經康復，便堅持返回實驗室，試圖利用剩餘的生命，盡可能繼續未完成的研究。幾個月過去，當實驗告一段落，巴赫醫師忽然發現自己的病情並沒有惡化，健康狀況反而越來越好。他推論出或許是這段時間，因為心無旁鶩做著內心渴望的事救了他。

從 1919 到 1922 年，巴赫醫師進入皇家同類療法醫院工作，研發出七個由細菌培養出來的口服疫苗（當時稱為解毒劑）。這些疫苗，一直到今天都還在使用，也因為這些疫苗，讓他在當時聲名遠播，前途一片看好。

在他行醫的幾年時間，巴赫醫生發現了幾件讓他很感興趣的事。某種疾病產生之前，通常會有特定的情緒產生。假若情緒無法適時抒發，假以時日的積壓，便會藉由疾病的方式顯現於肉體。有相同疾病的人，性格不同，需要給予不同的處方。而性格相近的人，就算出現不同的疾病，給予相同的處方，也是會發揮效果。簡單說，便是情緒與人格特質對健康有直接的影響。如果只針對疾病的症狀加以治療，是無法根除疾病的，因為負面情緒與天生性格上的缺失，依然會對身體健康造成影響。並且由於新的疾病一直產生，細菌病毒產生抗藥性不停變種。西醫便必須一直研發新藥對抗，而最大的受害者便是人體這個疾病與藥物的戰場，惡性循環，永無止境的爭戰。

受到同類療法的啟發，巴赫醫師開始對草藥產生興趣，他開始蒐集植物，試圖尋找一個新的體系，運用天然且純粹的美

好物質，取代原有利用細菌等毒素培養出來的疫苗。1928 年，他在威爾斯郊區，發現最早的兩種花精植物：鳳仙花與溝酸醬。

1930 年，巴赫醫生決定關閉實驗室，放棄原本的研究方向，離開倫敦搬到威爾斯鄉間展開新生活。將所有的時間用來尋找花精處方。他深信，必定還有其他花精植物等待他去追尋，只是巴赫醫師不知道，從這天到他離開人世，只剩六年的時間。

他每天在森林田野間散步，開始這段追尋的內在旅程後，透過直覺與身體的反應，往內尋求心中神聖的指引。由於當時高度敏感的狀態，往往在找出新的花精植物前，身體都會先產生嚴重症狀。巴赫醫生發現，不同的植物有不同的震動頻率，只要把花放在舌上或拿在手上，就能體驗植物在身體與情緒上產生的影響。只要找到正確的植物，便能有效緩解身體的病症。

1931 年，巴赫醫師提筆進行第一本闡述其醫學理念的著作《自我療癒》，在書中大聲疾呼，疾病是靈魂與思想衝突的結果，除非針對心靈層面治療，否則無法根除。醫生未來將扮演的角色，是協助病人認識自己，指出他所犯下的錯誤，以及品格中需要修正的部分，引導其培養正確的美德。一旦喚起病人的希望，建立信心，明瞭此生存在的目的，便能產生自癒力，從而戰勝疾病。

1934 年，巴赫醫師和助手諾拉‧維克斯（Nora Weeks）搬到牛津郡的維農山莊（現在是英國巴哈中心的所在地）居住和工作。兩年間陸續發現後面十九種新的花精，利用日曬法與

煎煮法製作出三十八種花精，完成整套巴赫花精體系後，巴赫醫師嚴重的心理與生理症狀，就停止不再發作！甫於 1936 年9 月出版《十二個治療者花精與其他花精》不久，巴赫醫師在1936 年 11 月 27 日晚間於睡夢中逝世。

巴赫醫師希望藉由花精，防微杜漸，將影響生理的心理因素，在第一時間利用花精處理，利用情緒辯證法選擇花精，幫助自己停下來思考，檢視生命的方向與生活的方式。如果可以因此擁有持久的平靜與喜悅，那麼，許多疾病就會不藥而癒了！

巴赫花精的製作

　　巴赫花精是一種全新的草藥劑型，所選用的植物，均來自沒有毒性的野生植物，巴赫醫師經由自身敏銳的觀察與體驗，認為它們是具有療癒力量的植物，它們可以提升人們精神力量，幫助平衡負面情緒，進而發展良好的美德。

　　巴赫醫師希望所有的病人都能成為自己的醫生。用最簡單的方式製作及使用花精，只要選擇正確的植物以及正確的製作流程，人人都可以自行製作花精。三十八種花精的分成兩大製作方法：日光照射法與煎煮法。所製作出的三十八種花精處方於 1933 年列入《英國同類療法藥典》中（*British Homeopathic Pharmacopoeia;dilutionsas 5x,using ethanoll 22%*）。

以下來自巴赫醫師的手稿

日曬法

　　取一個薄的玻璃碗，盛滿最純淨的水，如果可以，盡量用附近的泉水。摘下盛開的花朵，直到花朵覆蓋整個水面。放置在豔陽下曝曬三至四個小時左右，如果花朵開始呈現凋謝的狀態或許時間可以縮短。過濾花朵後，將該液體倒入玻璃瓶中至少半滿，加入等量的白蘭地酒防腐保存。這些液體就構成所謂的母酊劑，母酊劑不能直接拿來給病人服用。必須從母酊劑瓶中取幾滴稀釋後，才能用來治療病人。因此，母酊劑可提供足夠的供給量。從藥店買回來的花精，也應該用同樣的方法使用。

下列花精用日曬法配製：

　　龍芽草、矢車菊、紫金蓮、菊苣、鐵線蓮、龍膽、荊豆、石楠、鳳仙花、溝酸醬、橡樹、橄欖、岩玫瑰、線球草、野燕麥、馬鞭草、葡萄藤、水堇、白栗花。

岩泉水：長久以來，人們就知道某些井水和泉水有療癒人的能力，它們因此而遠近聞名。任何因具有療癒能力而遠近聞名的泉水或井水，如仍保持著天然的狀態，未受到人類的崇拜行為而污染，就可以拿來使用。

煮沸法

　　將採集的植物樣本放入潔淨的水中煮沸半小時。過濾後倒入玻璃瓶中至半滿，待涼後，加入同等量的白蘭地保存。

　　栗樹芽苞用的是白栗樹上尚未破裂成為葉子前的芽苞。其他的是將花朵連同細枝、花莖及嫩葉一起採集。上述的花精植物，除了葡萄藤、橄欖、紫金蓮外，其他的都自然生長在英國不列顛群島上，儘管有些植物原生於其他地區，包括，歐洲中部、南部、印度北部和西藏。

下列花精用煮沸法配製：

　　白楊、山毛櫸、櫻桃李、野生酸蘋果、榆樹、冬青、忍冬、角樹、落葉松、芥末、松樹、紅栗花、聖星百合、甜栗花、葡萄藤、胡桃、野玫瑰、楊柳、栗樹芽苞。

巴赫花精的使用方法

　　巴赫醫師認為使用花精，是很簡單純粹的。不需要訂定太多的規則，如果沒有預算考量，也不需要太在乎使用的劑量（如果我們摘得到花，甚至可以自行製作免費花精）關於該如何使用花精，我認為他最貼切的指示是：肚子餓了就去後院摘一顆萵苣來吃。（意思是，不需要規定什麼時候吃，因為肚子不一定什麼時候餓，也不需要規定吃多少東西，因為不一定每次飢餓的程度都相同。）由下方的文字，可以看出巴赫醫師是很隨興的，大家在使用上，也不要給自己太多的框架喔！

　　三十八種花精都純淨無毒，不需要擔心服用過量或頻率過高，只需要很少的劑量便能產生效果。服用錯誤的花精，也不會有任何傷害。製作個人專屬花精配方的方法，將大約兩滴左右的花精滴入裝滿水的小瓶中，如果需要保留一段時間，可加入白蘭地

作為防腐劑。平時只需由個人專屬配方瓶中，取出幾滴配方和少量水，牛奶或任何飲料一起飲用。

狀況緊急的病人可以每隔幾分鐘服用一次至情況好轉。病情嚴重者，可以每半小時服用一次。

病程較長的可以每兩到三小時服用一次，根據病人的感覺調整服用次數。

對神智不清的病人，可頻繁地使用花精濕潤嘴唇。

身體部位有任何疼痛、僵硬、發炎或局部不適者，除了口服外，還可外敷。

作法是：將花精滴入一碗水中，將浸泡過配方的棉布覆蓋於患處，根據需要重複浸濕棉布覆蓋患處。滴入海棉沐浴或浸泡，也有效果。

── 巴赫醫師

　　我個人對於花精效用的解讀，比較偏向訊息而非能量。能量會因為稀釋而消失，會受到時間空間的影響產生質變，取決於使用次數與劑量而有不同的效果。巴赫醫師將花精療法定位為窮人的醫藥，就是一種便宜到連窮人都能自行製作也很容易自行使用的療法。製作花精的過程是透過一再的稀釋大量生產，如果花精是一種能量，那麼未經稀釋母酊劑，效果將會最顯著，或許也能在市面上販售最昂貴的價格，巴赫醫師也不需要特別教大家如何配置處方瓶了。

所謂的訊息，就像一句話，只要這句話切合當下的議題，我們通常都能理解接受。假若能更深刻地烙印在我們的心裡，一輩子都不會忘記。服用花精原液，就像有人在耳邊大聲喊話，是種當頭棒喝的效果。稀釋花精使用、小口慢慢啜飲，就像縈繞耳邊的諄諄教誨，能慢慢化解頑固的心防。大家想想看，除非特殊情況，否則我們應該都比較喜歡別人好好地跟我們講道理吧？所以，如果要讓花精發揮最大的效果，不是濃度、不是份量，而是要「想盡辦法多喝幾次」。

　　相反的，如果主觀認為對方有缺點，想利用花精改變對方，偷加或是強迫別人喝，效果都不會太好。一個不認為自己有問題並且需要改進的人，必定對花精的訊息無感。如果因為他人的表現耿耿於懷，這個時候最好的方法就是自己喝花精。

　　除此之外，幫助接受者看到自己的問題點也是給予花精很重要的一環。當對方認為自己需要解決這個主題時，再給予相對應的花精，必定會產生令人意想不到的效果。運用花精協助我們平衡這些負面情緒的時機與方法也會有所不同。有些情緒一下子就過了，可能根本不需要花精就能自行消化吸收。有些情緒需要時間沖淡，就為這個壞心情調配一杯臨時花精。有些情緒若是會長久影響心情，就長期服用，慢慢改進。

內服：

每日服用： 適用於需要長期使用的花精，可能是針對天賦個性上的弱點，或是困擾自己很久又擺脫不了的負面情緒。製作個人專屬的配方瓶的好處，是方便日常使用與大幅降低經濟成本。

- 準備一個高溫消毒過的深色滴瓶
- 礦泉水與白蘭地（或蘋果醋）3：1，注滿滴瓶
- 加入花精配方（除急救花精四滴外，其餘花精各兩滴），最多不超過七種，避免訊息混亂，降低效果。
- 英國巴哈中心建議上一天四次（起床與睡前各一次，中間間隔兩次），每次四滴，直接滴入口中吞服。

　　由於台灣氣候潮濕，配方瓶內只要有水都很容易發霉，取得及消毒深色滴瓶都很麻煩，不符合經濟效益原則。秉持巴赫醫師簡單純粹的理念，我推薦大家在分享花精給親友時，可以將花精配方滴於未開封使用過的礦泉水瓶中，請對方置於冰箱保存，如果每次服用一瓶蓋，最長可以使用兩周。如果更加確認這個配方需要長期使用，取其中一瓶花精原液，將其他配方滴入調配長期使用，因為不含水，將能徹底避免變質的困擾。上學期間，我會將孩子的配方滴入水壺中，讓孩子帶去學校慢慢喝。如果水壺容量較小，可以預先稀釋酒精濃度，亦不影響花精的效果。

緊急給予：適用於緊急狀況（急救、重病或病危），情緒失控或突發的身心失衡現象。

- 將花精滴入一杯液體飲料中，容量不拘（急救花精四滴，其餘花精兩滴，總共不超過七種為原則）
- 大約三到五分鐘一次，頻頻小口啜飲，直到症狀解除

外敷：

適用於解除生理方面不適症狀，例如皮膚、呼吸或消化系統的不適、肩頸僵硬、筋骨痠痛扭傷等。將配方（急救花精四滴或其他花精兩滴）混和下列各種基劑外用。

- 濕敷（Dressing）：100 c.c. 水加入花精處方
- 乳霜（Cream）：10g 基劑加入花精處方
- 推拿（Message）：10 c.c. 按摩油（可搭配任何芳療精油）
- 泡澡（Bathing）：泡澡水（分量不拘）
- 噴霧（Spray）：滴入水氧機或是精油瓶，亦可滴入噴霧器噴灑至空氣中

貼心小建議：

- 用濕敷可舒緩因為壓力造成的肩頸僵硬痠痛。
- 選好乳霜，就能利用這個方法自行調配急救乳霜。
- 泡澡，對於因為壓力造成的蕁麻疹以及全身性的緊繃或恐慌，具有不錯的效果。
- 建議老師可在教室裡用噴霧法，避免不瞭解花精療法的學生家長過度擔心子女誤食不明液體。

巴赫花精與對應情緒

英文名	中　文　名	對應負向情緒
Agrimony	龍　芽　草	臉上帶著陽光開朗的面具，內心卻飽受折磨
Aspen	白　　　楊	莫名的恐懼
Beech	山　毛　櫸	批評挑剔，無法看見事物美好的一面
Centaury	矢　車　菊	無法開口拒絕他人
Cerato	紫　金　蓮	不停詢問他人的意見，無法傾聽內在的聲音
Cherry Plum	櫻　桃　李	害怕自己無法克制心裡破壞性的衝動與思想
Chestnut Bud	栗 樹 芽 苞	重複犯同樣的錯
Chicory	菊　　　苣	掌控，索求愛的回報
Clematis	鐵　線　蓮	沉溺對未來美好幻想，無法踏實地活在當下
Crab Apple	野 生 酸 蘋 果	過度重視瑣碎細節，潔癖
Elm	榆　　　樹	忽然對自己沒信心
Gentian	龍　　　膽	遇到挫折便一蹶不振
Gorse	荊　　　豆	深沉的絕望
Heather	石　　　楠	過度關心自己，談論自己
Holly	冬　　　青	內心充滿不平、忌妒與憤怒
Honeysuckle	忍　　　冬	沉溺在過去的回憶中
Hornbeam	角　　　樹	精神層面的倦怠乏力（週一症候群）
Impatiens	鳳　仙　花	急性子、沒耐心
Larch	落　葉　松	沒自信
Mimulus	溝　酸　醬	害怕已知的事物

英文名	中文名	對應負向情緒
Mustard	芥末	莫名的沮喪
Oak	橡樹	責任感過重，無法停止、休息
Olive	橄欖	身心俱疲，什麼事都不想做
Pine	松樹	自我譴責
Red Chestnut	紅栗花	過度關心親人
Rock Rose	岩玫瑰	彷彿面臨到攸關生死的恐懼
Rock Water	岩水	嚴以律己，要求自己成為眾人的榜樣
Scleranthus	線球草	無法在兩者中間做出選擇
Star of Bethlehem	聖星百合	驚嚇，創傷後壓力症候群（PTSD）
Sweet Chestnut	甜栗花	內心絕望卻不放棄希望，試圖尋找一線生機
Vervain	馬鞭草	過度熱心
Vine	葡萄藤	霸道專制，沒有彈性
Walnut	胡桃	面對變動環境與他人影響，需要被保護安全感
Water Violet	水堇	驕傲與疏離的人際關係
White Chestnut	白栗花	不願去想卻又無法停止的思緒
Wild Oat	野燕麥	無法確定方向
Wild Rose	野玫瑰	隨波逐流的生命態度
Willow	楊柳	自怨自艾，怨天尤人
急救花精：鐵線蓮、鳳仙花、岩玫瑰、櫻桃李、聖星百合		處理緊急狀況：嚇呆、窒息感、歇斯底里、恐慌、顫慄、昏迷

健康依賴我們與靈魂的和諧

Health depends on being in harmony with our souls.

— Dr. Edward Bach

Part 2

什麼情況適合使用哪種花精

龍芽草

布滿纖毛的黃色龍芽草喜歡跟其他植物長在一起，就像
敏感又有好人緣的龍芽草總是給周圍的人帶來陽光般開
朗的感覺。鐘形的種子與黃色的花束好像「教堂尖塔」，
象徵著這朵花所要帶給人們的啟示：彷彿身處教堂中感
受到的那種平靜與和諧的情緒狀態。

人格特質發展的正向美德： 祥和 (Forgivness)

負向的行為和情緒表現： 不安 (Restlessness)

Agrimony

one of the twelve healers

12

咬指甲　　甜甜

　　甜甜是班上的康樂股長，個性隨和好相處，頭腦聰明反應快，很容易跟大家打成一片，只要有她在的地方，就有歡笑。甜甜很會察言觀色，從來不惹大人生氣。

　　招牌的表情就是像彎月一般的眼睛與上揚的嘴角，隨時隨地笑臉迎人。

　　有一天，甜甜的兩個好朋友吵架了！兩個人各說各話，誰也不讓誰。本來鬧哄哄的教室，漸漸地安靜下來，大家圍過來，你一言我一語地評斷誰是誰非，人群漸漸分成兩派，各執己見加油添醋，場面越來越難以控制。平日嘻嘻哈哈的甜甜，眼看情勢不對，趕緊擠進兩人中間，陪著笑臉當和事佬。「哎呀！大家都是同學，幹嘛為這種小事吵架啊？」「晴晴，你想太多了！妮妮根本沒有說你壞話。她只是覺得你都跟別人玩不跟她玩而已啦！」「妮妮，晴晴也沒有怎樣啊！她本來人緣就很好！大家都喜歡跟她玩啊！」「來來來！你們兩個和好啦！不要再

吵了！我今天有帶糖果耶！我們大家來吃糖果啦！」「我昨天聽到一個笑話，好好笑喔！我講笑話給你們聽好不好？」「沒有人想聽喔！不然我跳搞笑騎馬舞給你們看！」「啊！我們這節下課都沒有去操場跑一跑耶！我現在數到三，大家來比賽，跑一圈才能進教室，看誰最後回來！一二三衝啊！」

　　甜甜的書包裡，隨時都有糖果巧克力，她常常說：「只要心情不好，吃一點糖果甜食，馬上就會開心起來。」所以只要遇到壓力或是一些不開心的事，甜甜就吞幾顆自己的秘密武器「開心果」來改變心情。上課鐘響，氣喘吁吁地甜甜從操場跑回來，把握時間在嘴巴裡塞了三四顆金幣巧克力，才開始聽老師上課。吃完了巧克力，本來想將手指舔乾淨，卻不知不覺地咬起指甲來。咬完了食指，咬中指，咬完了指甲，咬死皮。老實說甜甜的心裡有點焦慮，她很擔心待會兒下課，大家又會繼續吵個不停。雖然她的朋友很多，可是知心的人沒幾個。甜甜與所有的人保持著一種安全距離，因為她不喜歡讓別人知道她的秘密。只有在知心好友面前，才會拿下開心小丑的面具，訴說心裡的煩惱。可是她又不能忍受沒有朋友的那種孤獨感，所以才會拚命想辦法維持和平的氣氛。

　　她真的很不喜歡吵架，也害怕衝突的場面！怒氣沖沖，眼睛噴火，大聲喧嘩，破口大罵的數落聲，都讓她感覺無比的痛苦！那種精神上的折磨，比跌倒受傷流血還令人無法忍受。在家裡，爸爸媽媽偶爾也會吵架。每次聽到他們意見不合，快要

吵起來的時候，甜甜就會開始做一些讓爸媽高興的事，轉移大人的注意力。「爸爸，我幫你按摩！」「媽媽，你趕快來看，我這題造句不會寫」「媽媽，我幫你泡一杯巧克力，我們一人一杯好不好？」假如兩個人已經吵得不可開交，躲在房間默默吃掉整條紅豆吐司的甜甜，才會忍無可忍地衝出來大喊：「你們都不要吵了，好不好？」

甜甜從小就很乖，從嬰兒時期開始，只要給她一條小毯子，甜甜就會吸著手指安安靜靜地躺在嬰兒床裡自得其樂，是親友眼中又乖又好帶的天使寶寶！她從來不會跟其他小孩搶玩具，總是溫順的，沒有一句怨言將自己喜歡的東西拱手讓人。那條小毯子至今還在，邊緣都已經破爛不堪了，甜甜每晚卻還是要搓著它才能睡著。甜甜很不喜歡睡覺，她總是跟大家說，睡覺是最浪費生命的一件事！她會把握清醒的每一分鐘，嘻嘻哈哈，裝瘋賣傻。總是要玩到筋疲力盡，耗掉一絲力氣，才會摟著小毯子快速入睡。睡前看著牆壁上白雪公主的海報，打從心底羨慕她有七個小矮人跟森林裡的小動物們做朋友，躲開後母的欺負與獵人的追殺，無憂無慮的住在小木屋裡，天天快樂唱歌、開心地生活。因為睡前這段安靜的時間，就是甜甜最害怕的時刻，白天掩飾的所有痛苦，通通會在這時湧上心頭。

學校老師某天打電話找媽媽聊天，她發現甜甜最近體重明顯的增加，並察覺甜甜有一些上癮現象，像是上課中偷偷吃下大量甜食，以及咬手指的壞習慣。曾經關心地問過甜甜，但甜

甜卻說：「沒事沒事啦！我很好啊！每天上學很開心，跟同學之間沒有發生什麼事，家裡也都沒問題。功課也很簡單啊，一點都不難。」等甜甜回到座位後，上課中又發現甜甜低著頭，偷偷在嘴巴裡塞糖果，似乎內心隱藏著什麼祕密、焦慮或痛苦，卻又用極端相反的方式去掩飾那些負面情緒。

　　帶著甜甜拜訪花精諮詢師，才知道原來甜甜是所謂的龍芽草特質。諮詢師說咬指甲是一種壓抑內在沮喪與憤怒的表現，又因為積壓的負面情緒越來越難以承受，所以她會藉吃來舒緩壓力。建議媽媽，平日盡量用鼓勵的方式教導這個小孩，避免直接指正缺點與錯誤，因為龍芽草的小孩，是所有特質中最愛面子的。而龍芽草花精，可以讓她放鬆心情卸下這個歡樂的面具，誠實面對內心真正的痛苦。

　　諮詢師跟甜甜說：「龍芽草花精可以幫助妳誠實的面對自己，它會讓妳覺得自己好像一顆洋蔥，一層一層化解心理的苦悶，只要妳勇敢地堅持下去，撐過這段痛苦的過程，一定可以找到心中真正的平靜與喜悅，發展出這種人格特質所代表的正向美德「祥和」，那時妳會發現自己再也不需要努力討好周圍的人，而且，妳也會漸漸覺得自己不需要吃那麼多糖果零食才會有好心情，說不定還會漸漸瘦下來喔！」

巴赫醫師的話

　　他們是愉悅、快樂、幽默的人們，愛好和平，會因為辯論和爭吵而感到憂慮、苦惱。為了避免爭端，他們會妥協而放棄己見。雖然他們的心理或身體通常有許多困難、苦悶、不安和焦慮，但他們會以幽默或玩笑，將憂慮隱藏起來，只有好朋友才會知道背後的真相。他們也通常會酗酒或吸毒來刺激感官，或幫助自己用輕鬆的方式來承擔痛苦。

*Note
to
Self*

白楊

白楊毛絨絨的花紛紛朝向地面生長，發達的地下根系，都不約而同地攜帶著向下紮根的生命力。這可以協助因過度敏感而承受莫名恐懼的白楊體質者，收起敏銳的天線，將注意力落實在物質世界，感受到被大地之母緊緊擁抱、保護的安全感。

Aspen

毛骨悚然的感覺　　香香

　　不知道是第幾次了，膽子很小的香香總是在熄燈後，抱著小熊走到客廳說不敢一個人睡覺。大人問她怕什麼，她說：「怕鬼。」再問她：「鬼長的什麼樣子？」她說：「不知道。」然後大人就會跟香香說：「妳啊！就是恐怖片看太多，鬼故事聽太多、平日不做虧心事，夜半不怕鬼敲門，日有所思夜有所夢之類的大道理。」把香香趕進房間，關掉電燈，闔上門，要香香趕快睡，不准再找藉口拖延上床時間。

　　一個人躺在床上的香香真的很害怕，她總是覺得書桌旁邊有人站在那兒，眼睛也不敢隨便看窗簾的方向，因為有一次眼角餘光似乎瞥見窗簾下方有一雙腳。還有窗戶外面搖動的樹梢上，依稀有人臉的影像。有種衝動想要用被子將頭蒙起來，可是直覺所有恐怖的東西，都會因此肆無忌憚地聚集到床邊，反而更可怕。左手帶戴著阿嬤給的佛珠，脖子掛著阿姨給的十字架，心裡唸著阿彌陀佛、南無觀世音菩薩、親愛的主耶穌，不

管是誰，請讓我不要那麼害怕！每個晚上就是這麼疑神疑鬼而無法入眠，更不用說夜半惡夢驚醒後，又疲憊又恐懼睜眼到天亮的掙扎。

香香最害怕跟爸媽回南部的老家拜訪，因為她們的房間，總是被分配到頂樓神廳旁的客房。雖然可以跟爸爸媽媽一起睡在大通鋪上，可是神廳夜裡透進來的昏黃燈光，讓香香渾身起滿雞皮疙瘩。白天隨著大人到神廳上香，香香的眼睛一定死死地盯著地上，她不敢抬頭看牆上曾祖父母的遺照，覺得照片裡的眼神會說話。有時候鼓起勇氣，邊走邊抬頭望，竟然發現遺照的眼神會隨著她移動，嚇得香香頭也不回拔腿就跑。她也忘不了老人家過世的時候，家裡所舉行的追悼儀式，棺木裡的大體，靈堂內的照片，都有讓她毛骨悚然的感覺。

大部分的人都覺得香香很怪，不是一個正常的小孩。因為隨時處於這種說不上來的恐懼中，所以香香平日沒有什麼笑容，常常讓人感覺很陰鬱。她偶爾會有一些突如其來的第六感，大部分是不祥的預感，以及一些莫名其妙而起的雞皮疙瘩。比如她害怕洗臉、洗頭閉上眼睛的剎那，總覺得有人會站在背後盯著她。某一次她跟媽媽說心跳得很快，有不舒服的感覺，過幾分鐘家裡就接到某位親戚過世的電話。香香也會夢到過世的親人與一些奇怪的情節。她不敢將大部份的恐懼跟其他人分享，因為一來人家不願意相信她，二來自己也不知道該怎麼講。

香香很喜歡參與宗教團體的活動，跟著大人到廟裡上香，

上教堂做禮拜，看喇嘛辦法會，她都興高采烈樂在其中。師父說她年紀小小便有慧根，牧師說她很有恩賜，但說穿了，大家只把她當成一個迷信的小孩。香香一點都不介意，反正沒有人可以理解，真正的原因只有香香自己知道：唯有身處在那樣莊嚴神聖的環境裡，她才可以感受到短暫的祥和與平靜，稍微擺脫那如影隨形的不知名的恐懼。

某天媽媽的好友來家裡拜訪，興致勃勃地拿出一盒巴赫花精以及一副花卡，問媽媽與香香有沒有興趣試試看這個神奇的處方？聽聞可以處理負面情緒，帶來心中的平靜，敏感體質的香香馬上點頭如搗蒜，拜託阿姨先讓她試試看。用虔誠的心情，伸出左手抽出「白楊」花精卡，阿姨滴了兩滴在杯子裡，一邊解釋白楊花精的意義，請香香一邊小口啜飲。說明白楊花精可以緩和過度發達的星靈體，讓敏感體質的人收起胡亂接收異次元空間訊息的雷達，將意識落實於日常生活裡，享受心靈的祥和與寧靜。

雖然香香不太聽得懂書中艱澀的用語，可是她的眼皮卻不聽使喚地一直垂下去。輪到半信半疑的媽媽抽花卡時，香香早已神智不清地走回自己房間，躺在床上呼呼大睡。這一覺睡得又深又沉，什麼夢都沒有，醒來時，已經是晚上九點！迷迷糊糊吃了點東西，又喝了幾口下午的花精水，走回房間，繼續一覺到天亮。隔天早上，神清氣爽的香香跟媽媽說：「媽媽！可以每天晚上都讓我喝白楊花精嗎？我從來沒有那麼好睡過！」

媽媽狐疑地轉頭看了一下客廳桌上那瓶白楊花精，暗自決定有空的時間應該要好好翻翻花精卡中的口袋書，了解一下花精到底是什麼神奇的東西？

 巴赫醫師的話

　　有一種模糊和未知的恐懼，因為發生時無法解釋，也沒有任何理由。病人可能害怕恐怖的事情即將發生，但卻又不知道為什麼。這些模糊又無法解釋的恐懼，可能會日夜糾纏著人的內心。受苦這經常害怕將困擾告訴他人。

山毛櫸

筆直修長的山毛櫸，給人一種要求完美的形象。均勻分布的葉片充分的接收到陽光，也因為如此，很少有植物可以在他附近生長。就像山毛櫸個性的人，總是高傲的以自己的標準吹毛求疵、雞蛋裡挑骨頭，讓周圍的人避之唯恐不及。花精的正向訊息是可以讓我們多一點包容的心，用更慈悲的態度幫助世界變得更美好。

Beech

one of the second nineteen

19

好鼻師 　彬彬

　　彬彬的人緣很差，在學校裡是有名的告狀大王。椅子沒有靠攏、水壺沒有排好、彩色筆沒有把蓋子蓋緊、玩具沒放回去，通通逃不過他的法眼。上小學之後，彬彬管的事情更多了，作業本沒有放整齊、在走廊奔跑、偷帶玩具上學、垃圾沒有分類、沒有把水龍頭關緊、連同學平時的穿著搭配，彬彬只要看不順眼都會唸上兩句。自己不知道大家因為這一點受不了他，還自我感覺良好！

　　周圍的人以為他的挑剔是追求完美，容易察覺問題是因為關心別人。可是漸漸地發現，彬彬這種凡事雞蛋裡挑骨頭的個性，實在令人難以招架。挑剔枕頭太軟、床太硬、被子太重、檯燈不夠亮、書桌太矮、椅子太高、白飯不夠 Q、湯不夠燙、鮮奶不夠冰、滷肉太油、蛋糕太甜、就連湯匙筷子也能挑剔拿得不順手。感覺起來，唯有彬彬心中的那把尺，才是衡量一切的標準。

彬彬最不能忍受奇怪、刺鼻的味道，例如小吃攤的油煙味、工地的強力膠味、塑膠味、魚腥味、車廂裡的汗臭味、下雨天的腳臭味、老房子的霉味、蒸飯箱的便當味，以及公共廁所的尿騷味，只要一嗅出異味，馬上皺起眉頭張開嘴巴呼吸，一刻也不能忍受！家裡為了他這個難伺候的鼻子，隨處擺了許多香氛蠟燭、芳香劑、除臭劑，就怕這位難纏的好鼻師，聞到臭味不開心，變本加厲吹毛求疵。

　　從小過敏性鼻炎，彬彬總是掛著兩管鼻涕，每天早上一起床就是「哈啾」「哈啾」個不停，所到之處，總是散佈著一坨坨用過的衛生紙。媽媽實在不懂，他的鼻子為何那麼敏感？都已經為他添購了好幾台空氣清淨機，枕頭被單也定期清洗，還是無法舒緩彬彬鼻子過敏的問題。

　　今天晚上用餐的氣氛越來越緊張，都因為彬彬邊吃邊批評青江菜炒得太軟爛、花椰菜太鹹、雞胸肉很乾柴沒有嚼勁……爸爸忍無可忍放下筷子，開始數落彬彬身在福中不知福，生活習慣不好，亂丟衛生紙，門口鞋子沒有排整齊，今天早餐沒有吃乾淨，昨天考試為什麼粗心……彬彬馬上反擊，說爸爸看完的報紙也沒有收進抽屜，週末用的高爾夫球具也還在客廳，兩個人你一句我一句，不停地數落對方的缺點，相互攻擊。媽媽好不容易脫下圍裙，從廚房出來，口乾舌燥又汗流浹背，聽兩人唇槍舌戰，火氣漸漸上升，真想叫他們通通閉嘴！（你們兩個人放著晚餐不吃，吵得那麼起勁，有沒有搞清楚？我才是真正

有資格批評的人吧！）

轉念一想：哎呀！不妙！怎麼連我都變成山毛櫸，挽起袖子準備加入戰局啦？！

嘆了一口氣，再度鑽進廚房，端出三杯加了山毛櫸花精的冰麥茶說：「好了！好了！來～來～來！ 我們全家一起喝加了山毛櫸的冰麥茶消消氣！讓我們不要只看別人的缺點，也要欣賞對方好的一面。」

 巴赫醫師的話

這些人希望周遭的事物能更美善，雖然許多事物似乎是錯誤的，而山毛櫸花精會讓他們看的到事物美好的一面，可以更寬恕，更具慈悲心，並且領悟到每個人及所有的事物，都有不同的方式達到他們完美的境界。

Note to Self

矢車菊

常常可以在鄉間小路邊看到粉紅色的矢車菊，努力在又乾又淺的貧瘠土壤中綻放著可愛又精緻的小花。象徵著矢車菊的人，總是在人群中犧牲奉獻，竭盡所能地滿足他人的要求。矢車菊沒有誇張華麗的花型，卻可以簡單又不失自我的將周遭妝點出充滿活力的氣息，象徵著這朵花所要帶給人們的啟示：提供服務而不失去自我。

人格特質發展的正向美德：力量（Strength）

負向的行為和情緒表現： 軟弱（Weekness）

Centaury

one of the twelve healers

12

灰姑娘　　如如

「如如！幫媽媽收客廳！」「好！」

「如如！幫爸爸拿拖鞋！」「好！」

「如如！幫姊姊找東西！」「好！」

「如如！幫弟弟倒鮮奶！」「好！」

「如如！帶小狗去散步！」「好！」

「如如！幫老師擦黑板！」「好！」

「如如！幫大家排桌椅！」「好！」

　　如如是個又乖又聽話小孩，不管在家裡還是學校，只要喊一聲她的名字，絕對有求必應，使命必達。就算如如正興致勃勃地看著最愛的卡通、津津有味地吃著最愛的點心、絞盡腦汁地寫著回家功課、意興闌珊地休息發呆、渾身無力躺在床上，她也會勉強自己打起精神，答應對方提出的要求，從來沒有說過「不要、不行、我沒空。」甚至別人都還沒有開口，如如就

能敏感察覺他人的需求，在第一時間伸出援手，所以總是給人一種很貼心，任勞任怨的印象。

如如有個聰明任性的姊姊和調皮搗蛋的弟弟，她常常覺得夾在中間的自己像個隱形人。不像姐姐有課業壓力要盯，也不像弟弟年紀小需要特別照顧。剛好夾在中間的自己又因為個性溫順，總是被大人忽略。所以凡事又更要求自己努力一點，乖一點，懂事一點，聽話一點，才能得到爸爸媽媽關愛讚許的眼神。就算偶爾覺得姊姊很霸道，弟弟無理取鬧，爸爸媽媽好像有點偏心，自己其實也需要一些關愛，偶爾也想要任性地說不，卻總是開不了口拒絕他人的要求。

這樣的感覺，同樣發生在校園生活中，如如怕大家不喜歡她、不願意得罪人、說實話傷人、或是被朋友認為不夠意思，所以整天上緊發條、豎起耳朵、回應四面八方的呼求。就算自己已經相當疲累，還是很難抗拒別人的使喚。奇怪的是，全班記得老師說過『人生以服務為目的』的人，好像只有自己一個。大家都把自己的付出視為理所當然，而自己的人緣卻沒有因此變得更好，反而越來越像全班的僕人。

「如如！妳的作文怎麼只寫了一半？」老師把如如叫到講桌旁問：「剛剛妳不是舉手自願幫老師擦黑板嗎？怎麼沒有先把作文寫完再幫老師的忙呢？」如如囁嚅的說：「因為都沒有人舉手，所以我就舉手了！」老師又問：「中間下課妳怎麼幫玲玲去圖書館還書？回來以後又陪琪琪去上廁所？還幫彬彬發

作業？」如如說：「我想說自己回來以後應該寫得完，就先答應玲玲再說，想不到才剛要開始寫，琪琪就過來找我，我不好意思拒絕她，所以就陪她去了！然後彬彬說他的作文還剩很多沒寫，要我幫他發一下，我也不好意思拒絕！」

「如如，妳記得老師說過『助人為快樂之本』對嗎？」如如點點頭。

「如如，妳覺得自己這樣快樂嗎？」如如抿著嘴唇搖搖頭。

老師繼續問：「那妳為什麼不快樂呢？」

如如想了一會兒，說：「因為我自己該做的事都沒有做，想做的事也沒有做。」

老師又問：「妳為他人服務的時候，心裡在想些什麼呢？」

如如說：「我希望大家會因為這樣更喜歡我。」

老師說：「如如，妳有沒有發現自己講到重點？妳給出服務的後，總是希望有所回報。」如如嘟起嘴巴，緩緩地點頭。

「答應別人要求之前，要先想一下對方的動機，被動提供服務之前，要先為自己而活。如果可以在幫助別人之前，把自己放在第一位，先滿足自身的渴望與需求後，再服務別人。不是自己責任範圍內的事，要勇於說不。能力不足以勝任的事，真誠表達歉意即可。時間不容許的事，只要坦誠相告，對方必定可以諒解。事前婉轉拒絕雖然有點尷尬，但絕對好過事後無法履行承諾對雙方關係造成的傷害。只要讓自己習慣這樣的能量交流，便能發自內心給出充滿愛與祝福的服務。這種主動給

予的服務，柔軟而不委屈，謙卑又不失去自我，就能透過服務為自己帶來生命的喜悅與完整！如果妳真的覺得自己一時之間很難做到拒絕別人不合理的要求，或者過度關注別人的需求而忽略自己該做的事，可以請媽媽打電話給老師，我再跟她聊聊，推薦她為妳使用一瓶叫做矢車菊的人格特質花精。」

巴赫醫師的話

　　他們是仁慈、安靜與纖細的人，常會為了服務別人而過分焦慮，他們會因太努力導致體力透支。由於想服務別人的願望十分強烈，使他們變成僕人而非自願的服務者，如此良好的天性，經常使他們做了太多超出自己本分的事，而忽略的自己人生的使命。

紫金蓮

一百多年前由探險家從四川帶回英國培植成功的紫金蓮,花名是充滿智慧的意思。這朵花的雌蕊,好像高高豎起的天線,興致勃勃的接收四面八方的訊息,有時候消息太靈通了,反而沒有辦法消化吸收。藍紫色的花朵象徵著內在智慧與靈性,透過紫金蓮花朵的訊息,可以協助人們發現自我內在的大智慧、聽到心裡真正的聲音,更相信自己的直覺。

人格特質發展的正向美德:智慧(Wisdom)

負向的行為和情緒表現: 無知(Ignorance)

Cerato

one of the twelve healers

12

學人精　露露

　　上課中的露露，偷瞄旁邊同學的鐵製鉛筆盒，裡面的筆排列整齊，一目了然。心中暗自決定，回家要把筆袋換掉，拿舊的鐵鉛筆盒出來用！（啊！注意力得趕快回到老師身上，老師講的話可不能漏抄了一句。我可是班上的筆記高手，下課大家都會跟我借課本去抄耶！）

　　美勞課的時候，露露遲遲沒有決定要怎麼開始，盯著眼前的一塊黏土，不知道要做什麼動物。彬彬要做大象，他說大象很酷；皓皓要做蛇，他說最簡單不容易失敗；柔柔要做毛毛蟲，因為蛇已經被做走了，她不想跟別人一樣只好做第二簡單的動物；鯨魚企鵝海豚小貓小狗……教室鬧哄哄的百家爭鳴，每個人搶著發表自己的主題與想法，同時手忙腳亂地開工。只有露露，左右張望，不知道自己該做什麼動物。（要做難的還是做簡單的？要想一個與眾不同的還是跟大家一樣的？要做已經會的還是挑戰沒做過的？）原本想做母雞帶小雞再加兩顆雞蛋，

可是豪豪說那樣太多隻了，黏土可能會不夠。君君卻說這個主意超讚，一定要試試看。眼看時間一分一秒地過去，大家的作品漸漸成形，露露還是拿不定主意。距離下課時間只剩下十分鐘，火燒屁股了，才手忙腳亂地搓出一條蛇，跟三顆蛇蛋交差。（結果可想而知～差強人意！）

下課時間，露露遊走在教室裡，聽大家聊些什麼？誰買了最新的玩具；誰發現最近有好看的卡通；下禮拜科教館有機器人展覽；百貨公司最近舉辦電玩大賽；圖書館進了好幾套新書；體育老師下個禮拜不來因為要帶校隊去比賽；夏令營已經開始報名，很多熱門營隊都已經額滿……才正要開口問大家想要報名什麼主題的夏令營，卻聽到老師叫自己的名字。

「露露，妳這次社會大考怎麼只考八十幾分？是上課不專心還是老師上課教的內容聽不懂？請妳把課本拿來借老師看一下。」仔細翻了露露寫得密密麻麻筆記的課本，老師很納悶地說：「老師講的每一句話，妳都有記下來，可是怎麼考出來的題目有教過卻不知道正確答案呢？其他那些跟妳借筆記去抄的同學，都反而考得比妳好。老師覺得妳應該把注意力放在理解上課的內容，而不是花力氣在抄筆記收集資訊上。」露露點點頭。「還有，這是妳的作業本，老師發現從學期開始到現在，妳的字體變來變去，忽大忽小，筆跡一下黑一下淡，怎麼會這樣呢？」露露抓抓頭，不好意思地說：「哎呀！那是因為每兩個禮拜抽籤換座位，我都會模仿旁邊的同學拿筆跟寫字的方式啦！」

放學跟媽媽去百貨公司美食街吃東西，看著琳琅滿目的店家，露露說：「媽媽！妳決定要吃哪一家好了？我沒有意見，每樣看起來都很好吃！」最後媽媽選了露露其實不那麼喜歡的韓國料理，露露又說：「那我們去吃拉麵好不好？」回到拉麵店前，露露又說：「很久沒吃麥當勞，可是麥當勞又吃不飽……算了算了！我們還是去吃石鍋拌飯吧！」邊吃邊後悔自己沒有吃到麥當勞的露露，拜託媽媽等一下帶她樓上買 Hello Kitty 自動筆，說最近班上女生幾乎每個人都有一枝，大家已經不流行用鉛筆寫字了。還有，可不可以順便幫她買一雙新球鞋，因為她想要跟大家一樣開始練習綁鞋帶，魔鬼氈球鞋太幼稚了！可不可以幫她報名安親班，因為有去安親班的同學，都可以拿到複習卷跟講義，好像都考得比較好。

　　兩個小時後，媽媽漸漸受不了露露優柔寡斷的個性，決定什麼東西都不要買，直接回家寫功課。露露說：「那我馬上決定好了！」媽媽依然堅持改天再說，理由是以露露這樣的個性，只要倉促決定，後果一定是拜託媽媽在七天內帶她來換貨。倒不如回家好好想一下，自己想要的款式跟顏色，省得麻煩。

　　回家的路上，露露嘟著嘴生悶氣，覺得媽媽不守信用，答應她了又不買。但當媽媽問她自動筆跟球鞋想要買哪個顏色跟款式，露露又無法做最後的決定，拜託媽媽幫她選。媽媽說：「這就是重點，妳已經三年級了，必須開始學會自己

做決定，知道自己需要什麼，想做什麼，而不是一昧地懷疑自己、模仿潮流及詢問他人意見。大家都覺得妳很聰明，努力學習，有旺盛的求知慾，看起來像個很有學問的小博士。可是媽媽卻覺得妳只對蒐集資訊有興趣，卻沒有執行的毅力與消化知識的能力。這樣一來，反而變得愚笨而無知。抱歉！媽媽說了重話，可是真正有智慧的人，不會向外尋求意見與忠告，而是向內傾聽自己真正的想法與喜好。如果妳同意媽媽說的話，但又覺得自己很難做到，那麼回家以後，我可以給妳一點紫金蓮花精，等妳決定好了，我們再去百貨公司買。」

 巴赫醫師的話

　　這些人在下定決心時信心不夠，不斷尋求意見，而經常會被誤導。

櫻桃李

純白色的櫻桃李總是在陽光普照的初春,突然爆炸般的瘋狂綻放。有著櫻桃李個性的人就像一顆理性緊繃的定時炸彈,拚命壓抑累積能量,害怕自己失控發狂,直到再也忍受不了,便來一場氣勢萬鈞的爆破秀,炸得周圍哀鴻遍野、滿目瘡痍,事後自己也虛脫無力。櫻桃李花精可以驅除所有錯誤的心念與黑暗的思想,慢慢釋放累積壓力的緊繃情緒,提供滿滿的愛與支持,為受苦者帶來精神上的力量與信心,讓人們放下心頭的大石,體會到如釋重負的輕鬆感。

Cherry Plum

綠巨人　倫倫

　　倫倫的活動力很強，從小便很有主見，堅持度高。很多事情若沒有照著他的意思做，倫倫就會大吼大叫亂發脾氣。某次媽媽帶他去圖書館看書，翻到一半發現書本缺頁，倫倫沒有辦法接受硬生生地中斷閱讀，生氣地將整排書籍通通推落地上。看似野蠻的行為被大人制止，又更讓他歇斯底里，最後媽媽只得頻頻跟館員道歉，拉著倫倫落荒而逃。

　　倫倫不懂得看別人的臉色，也不能理解弦外之音。媽媽說：「誰現在有空，可以幫我把窗戶關起來啊？」講完話，媽媽看著坐在窗邊的倫倫，但是倫倫卻不曉得這個「誰」指的是自己，自顧自地側耳聽著手錶裡的滴答聲。他也沒辦法理解大人皺眉、手臂交叉、咳嗽這些肢體語言所暗示的意義。倫倫很討厭吵雜的聲音與熱鬧的公共場所，他也不喜歡光腳踩在沙地上，只肯穿橫條衫，拒絕任何印花。

　　經過判定倫倫有輕微的亞斯伯格症，很幸運可以進入一般

體制的學校就讀。他的記憶力絕佳，書裡的內容看過一次便可一字不漏地背誦；看到某些景物，就可以畫得相當逼真。他特別喜歡算數學，只有沉浸在思考的時間最安靜。在學校裡，倫倫讓老師很頭痛！因為他很喜歡舉手發言，卻常常答非所問，自顧自地講得口沫橫飛。雖然懂得每個詞彙的意思，卻無法理解正確的使用方式，經常誤解別人的話。倫倫對事情很堅持，剪紙畫線都要求完美，如果沒有剪得很好或畫得很直，多次嘗試還是沒有辦法成功，就會生氣翻桌子。

倫倫的人際關係不好，因為他總是要求其他小朋友照自己的意思玩遊戲，不願意遵守團體活動的規矩，弄得大家都不想跟他玩。明明沒有惡意，卻突然對同伴口出惡言；大家在沙坑玩得很開心，突然無預警地抓起沙子就往同學臉上撒。同學排隊不小心靠他太近，倫倫就突然發狂生氣，回頭大力將後面同學通通推倒。有人不小心踩到倫倫掉在地上的外套，倫倫便大發雷霆將外套一把撿起，揮打站在旁邊圍觀的同學。

倫倫跟大人聊天的時候，成熟的模樣，跟與同學相處時生氣抓狂的時候判若兩人。為什麼要把沙子撒到同學眼睛裡？他說因為發現自己身上有沙子，覺得是沙坑裡的同學故意撒到自己身上。推人也是因為感覺到別人故意從後面撞他。為什麼一直用頭撞門？他會說：「想撞掉頭腦裡想做的壞事。像把教室裡的烏龜丟到馬桶沖掉、抓出魚缸裡的金魚玩、倒光同學的水壺、將粉筆通通丟進水裡，這些被老師禁止的事情。」如果你問他

為什麼剛剛要那麼用力捶牆壁？他會說：「這樣才能避免自己打同學。」

　　講著講著，倫倫會說：「我有忍耐，我真的都有忍耐喔！我害怕自己打人、尖叫、發飆，可是內心又有一股衝動想去做。每次都忍得好辛苦，不停地告訴自己不可以這樣做。乾脆打自己的頭，捏大腿，或者用力咬緊牙齒。可是只要有人剛好不小心在那段時間惹到我，不知道為什麼忍不住了，就會爆發。情緒完全失控。瘋狂發洩完心中的憤怒，全身虛脫後才能感到如釋重負。雖然我知道事後一定會被大人罵，可是那種如釋重負的輕鬆感，又讓我很期待。」

　　很有經驗的老師與媽媽都知道，倫倫爆發前會有一個明顯的徵兆，他的眼睛會突然瞪大，面部表情充滿殺氣，握緊拳頭、咬緊牙關試圖想用理智遏止體內的火山爆發，這個時刻就是使用櫻桃李花精的最佳時機，將櫻桃李花精噴灑在空間中，可以快速消彌一觸即發的衝突，並轉變為安靜祥和的氣氛。

　　巴赫醫師有個很好的比喻，花精裡愛的訊息，就像初春溫暖的陽光，不費吹灰之力融化寒冬的積雪。效果有如輕輕鬆開氣球的開口，徐徐抒發心中的負面能量，而不是用理智壓抑累積、繼續吹氣直到氣球爆炸。櫻桃李花精，可以驅離所有錯誤的心念與黑暗的思想，提供滿滿的愛與支持，為受苦者帶來精神上的力量與信心。

巴赫醫師的話

　　是一種心靈過度緊繃的恐懼，害怕理性失去控制，擔心作出一些可怕和恐怖的事，或做出不想做且知道不應該做的事，然而卻會有那種思想和衝動想要去做。

Note to Self

栗樹芽苞

生長快速的芽苞，就好像人體內的幹細胞，儲存著大量的ＤＮＡ訊息。只要一冒出頭來便快速的長成葉子、花朵或枝枒。這樣的生命力就像一個儲存生活經驗的記憶卡，幫助學習遲緩（障礙者）、容易重複犯錯的人，專注在當下並從失敗中記取教訓，快速學習到人生的課題。

Chestnut Bud

注意力不集中　　喬喬

　　不知道講過幾次，下樓梯要扶著把手，一階一階慢慢走。三不五時就會看他用不同的方式滾下去，也常常告訴他，穿著拖鞋不能跑，幾乎可以預料的，每次都會跌倒。

　　星期天晚上，喬喬一個人開心地待在房間裡，桌子上放著媽媽剛烤好的香蕉蛋糕，以及一杯冰冰的鮮奶。一邊聽著故事 CD，手裡翻著哈利波特最後一集，偶爾拿起平板電腦玩一兩場遊戲。

　　媽媽從門口探頭進來說：「喬喬，明天要交的功課跟聯絡本，你還沒有拿過來給我簽喔！」「已經八點囉！明天要上學，請你開始整理上學用品！」「喬喬，我說的話你有沒有在聽？」

　　喬喬說：「好啦！好啦！等一下拿出去給妳！」漫不經心地打開書包，卻發現作業本不在書包裡。努力回想這個週末假期，雖然時時想到功課還沒寫，卻一直不當一回事，沒

把功課從書包裡拿出來，肯定是放在學校。怯生生地到客廳跟媽媽自首：「我又忘記把功課帶回家了！」（媽媽果然生氣了）喬喬做足心理準備，等著媽媽訓話。

媽媽放下手邊的事，大大嘆了一口氣：「唉！你這學期第幾次忘記帶功課回家了，自己說？」喬喬囁囁地說：「不知道。」媽媽：「功課、外套、便當袋，每天要帶的就是這幾樣簡單的東西，為什麼沒有辦法自己小心注意？還有日常生活的規矩，我講過好多次，襪子不要亂丟、換下來的衣服要分類丟到洗衣籃、水杯喝完放到水槽、牙刷漱口杯用完要掛好，還有吃飯的時候，左手不能放在桌子底下，睡前要把書包整理好。這次月考前才複習過的錯字，考試竟然又錯！你到底要怎麼樣才可以學到教訓？不丟三落四、重蹈覆轍、一錯再錯？」喬喬無奈地看著媽媽，什麼話也答不出來！

媽媽看他這個樣子，也無奈了起來！這個孩子本性並不壞，頭腦也挺靈光，可是不知哪裡不對勁，總是忘東忘西，整天要人盯！學期還沒結束，橡皮擦就搞丟了一打，制服外套重買了兩件，吃過的便當常常忘記帶回家，聯絡本三不五時就被老師留言注意力不集中，上課不專心。上次植物園校外教學，媽媽自告奮勇擔任義工，趁機從旁觀察，發現當解說員為小朋友們講解的時候，喬喬的目光不僅沒有專注在解說員身上，甚至還自顧自地走到旁邊，摸摸葉子，抓抓小蟲，聞聞花香。這下總算知道喬喬平日讓老師為難的地方。奇怪

的是，活動結束後的有獎徵答，喬喬竟然每題都舉手搶答，還拿回一個小獎品。

滿腹疑問回家後，開始仔細觀察喬喬的學習模式，發現喬喬沒有辦法專注地學習一個課題，也沒有辦法從頭到尾一次完成一件事。習慣性逃避需要集中精神的項目，總是東摸西摸，做些微不足道的小事，拖到最後一刻才臨時抱佛腳進行重要的大事。結果想當然是匆匆完成，敷衍了事，無法達到預期的效果。課業方面也是如此，需要理解的東西難不倒他，強調背誦記憶的部分卻成為喬喬的致命傷，整個晚上無法背好一小段課文，做事情也沒什麼組織能力，整天像無頭蒼蠅一樣，給周圍的人造成許多困擾。

一度以為喬喬有學習遲緩的問題，可是檢查報告結果出來，沒有嚴重到需要立即給予藥物治療！更何況某些以中樞神經興奮劑為主的藥物，不可避免會有些引起胸口悶痛、心悸、失眠、胃口降低、噁心、視力減退的副作用。權衡之下，決定先試試其他不使用藥物的治療方式。

花精諮詢師建議喬喬使用栗樹芽苞花精。他跟喜歡植物的喬喬說：「栗樹芽苞很特別喔！它不是花苞，而是樹枝末端快速生長的芽苞。芽苞上有許多 DNA，可以決定自己以後要長成一根樹枝、一片樹葉、一朵花還是一顆果實。當你不專心的時候，就好像一個不知道自己要變成什麼的芽苞，目標很多卻一事無成。一個蘊含許多生命密碼 DNA 的聰明芽苞花

精，可以幫助人們善用知識與經驗，不會因為一直犯同樣的錯，而重覆感受到相同的痛苦。更可以提醒自己更專心的面對當下的課題，腳踏實地完成例行公事喔！」

 巴赫醫師的話

這些人未能利用觀察與人生經驗，所以比一般人花更長的時間去學習生命的功課。對某些人來說，一次經驗已經足夠。但對於栗樹芽苞的人來說，在學到教訓前卻需要多一點，甚至是很多次的的經驗。

因此，他們常會後悔，因為他們總是在不同的情況下犯下相同的錯誤。一次犯錯的經驗應該已經足夠，或者應藉由觀察別人的經歷來避免錯誤發生在自己身上。

菊苣

總是可以看到一簇一簇的菊苣花叢團結緊密地聚集在一起，就好像菊苣的人喜歡被家人包圍，享受天倫之樂一樣。這棵可以被充分利用的植物，葉子可以做沙拉或動物飼料、根可以打成飲料，就好像菊苣的正向美德：對親朋好友付出不求回報、無條件的愛。

人格特質發展的正向美德： 愛（Love）
負向的行為和情緒表現： 侷限（Restraint）

Chicory

one of the twelve healers

12

愛哭的黏人精　　妮妮

　　俗話說老大照書養，老二照豬養，這個少子化的年代，老三算是稀有品種，養育方法呈現兩極化，要不寵上天照孫養，要不是就連豬也不如放生隨便養。上面有個獨生子哥哥，又有個同性別的姊姊，老三妮妮一生下來就知道如何在逆境中求生存，擄獲大人的芳心，贏得眾人的關愛！

　　妮妮很喜歡賴在爸爸身上，撒嬌說：「爸爸，我愛你！」爸爸媽媽只要靠在一起看電視聊天，妮妮必定擠進中間湊熱鬧。想盡辦法把媽媽推開。被排擠的媽媽樂得輕鬆，除了讚嘆老公前輩子情人濃烈的愛意，也不得不佩服這地表最強小三的功力。看女兒這麼仰慕自己，爸爸笑得合不攏嘴，滿意地說：「生到第三個，總算有一個會黏我。」媽媽嘴裡不說，心裡忍不住咕嚕，男人就是好騙，被女兒的甜言蜜語吃定了。白天一出門上班，這位大小姐馬上見風轉舵，活像隻無尾熊巴著我不放。哥哥姊姊放學回家，又馬上轉移目標，一下子替不修邊幅的哥哥

找東西，一下子又跑去陪姊姊看卡通。

妮妮很享受這種被家人包圍、被需要的感覺。幫媽媽做家事可以得到很多貼紙換禮物；跟爸爸出門散步可以順便去買糖果；偶爾幫哥哥一點忙，跟姊姊吵架的時候，哥哥就會幫自己出氣；因為自己總是負責收玩具，姊姊當然很樂意一起玩！

這個禮拜爸爸出差不在家，哥哥要考試，姊姊腸胃炎，媽媽不是忙著幫哥哥看評量、盯哥哥複習功課，就是帶姊姊去看醫生，待在廚房裡忙著熬稀飯給姊姊吃！看媽媽越是忙得焦頭爛額，越沒有時間和精力陪她，妮妮就越發任性要媽媽回應她的需求。一下子要媽媽抱，一下子吵著媽媽餵她吃東西，老愛坐在媽媽懷裡聽故事，整個晚上霸佔住媽媽的注意力，就連媽媽講電話的時候也會故意在旁邊發出噪音，有一次還朝著媽媽的肩膀狠狠地咬了一口，再不然就是拍掉媽媽的手機用行動表示抗議。稍加責備就淚眼汪汪地說要打電話找爸爸，要爸爸趕快回家陪她一起睡。

妮妮愁眉苦臉的說自己不舒服，感覺好像跟姊姊一樣生病了，什麼東西也不想吃，想留在家裡休息不要上學。頭兩天好像真的不太對勁，媽媽心想讓她在家裡休息也好，最近真的是比較忽略這個老么，心裡愧疚又自責，提醒自己應該多給她一點愛！

不過卻發現哥哥姊姊出門之後，妮妮竟然生龍活虎的像沒事人一樣，喜孜孜地在自己身邊跟進跟出，什麼病都好了。帶

去小兒科確認病情，醫生竟然也說沒事。可是傍晚哥哥姊姊回家後，她又一副病奄奄的樣子，問題一堆，搞得全家雞犬不寧。

被折騰了幾天，媽媽忽然懂了！全家上下只有自己沒辦法抽離和妮妮全天候的相處，生了妮妮之後，常常和朋友們訴苦說這個孩子特別難帶，帶起來特別累。大家都說孩子這麼小送去上學容易生病，不如請個鐘點阿姨來家裡幫忙打掃煮飯，媽媽就能好好扮演母親的角色。可是說不上什麼理由，就是覺得與其要犧牲一點家用錢，寧願選擇把錢花在托嬰中心，交換一點自我喘息的時間與珍貴的獨處時光。就算必須一手包辦家務事，整天忙得跟陀螺一樣，也好過二十四小時當個人肉沙發，任由懷中嬰兒無止盡地索愛。

想通了這一點，當下決定母女倆馬上開始喝菊苣花精，讓愛重新在親子之間流動。幫助這個孩子感受到就算沒有父母陪在一旁，也是永遠愛著子女。也讓自己更有耐心、更有同理心，更超然客觀地去回應這個孩子渴求陪伴的天性！

 巴赫醫師的話

這些人非常留意他人的需求：他們盡可能的全心全意去照顧小孩、親戚和朋友，總會找出一些需要把它做到對的事情。他們不斷去改正一些他們所認為不對的事情，並且樂在其中，也渴望這些他們所照顧的人能夠圍繞在身邊。

Note
to
Self

鐵線蓮

葉片光滑、沒有花瓣的鐵線蓮，喜歡攀附在其他植物上生長。就好像少根筋的人，能躺就不坐、能坐就不站，整天沉浸在快樂的白日夢裡無法自拔。它的種子一旦成熟便帶著翅膀飛向遠方，從不戀棧當下或緬懷過往，無畏地迎向未來的挑戰，將版圖快速擴散至整片土地。因此鐵線蓮的花精可以協助我們將心中的夢想，溫和不強迫地慢慢顯化在真實的世界裡，成為一個優秀的思想家、藝術家或發明家。

人格特質發展的正向美德：溫和柔順（Gentleness）

負向的行為和情緒表現： 漠不關心（Indifference）

Clematis

心不在焉　　夢夢

　　進了電梯發現便當袋沒拿，拿了便當袋沒多久又發現水壺留在門口。

　　夢夢喜歡發呆，做什麼事都心不在焉。出門前，媽媽發現夢夢衣服裡外穿反了，從房間走出來，竟然前後穿反。發現自己上學快遲到了，媽媽一催，又更笨手笨腳，手忙腳亂。走路的時候，常常會沉浸在自己的小宇宙裡，對周圍人事物一點興趣也沒有，因此走錯路。

　　進教室發現忘了帶便當，忘了帶課本。趴在桌上，依稀聽到老師在說話，卻又不是很清楚到底是什麼內容，不知不覺連打了幾個呵欠，眼神渙散，感覺睡意漸漸襲來，後面同學戳了一下夢夢肩膀說：「老師叫妳啦！」站起來腦中一片空白，不知道老師剛剛問了什麼。

　　開始上課後，夢夢看向窗外，發現今天的天氣真好，燦爛的陽光與拂面的微風似乎帶著她徜徉到沙灘，幻想自己坐在海

邊的躺椅上喝果汁。天空好藍，有朵又白又胖的雲，看起來很像一隻肥肥的小白兔；旁邊一朵比較小的，不就是烏龜嗎？今天怎麼運氣那麼好，可以在天空看到龜兔賽跑？不過這次是可愛的小白兔沒有在比賽中途睡著，反而是慢吞吞又沒自信的烏龜中途放棄，輸了比賽！邊想邊覺得自己很有創意，沾沾自喜地繼續搜尋其他的靈感。啊！遠方有隻大狗，自告奮勇地背小白兔過河，還有一些像松鼠的雲，捧著果實請小白兔吃……外人看她是一副溫溫順順的好脾氣，懶洋洋的沒有什麼活力，殊不知在她不著邊際的思緒裡，故事目不暇給、情節緊湊、精彩刺激！

媽媽都說她跟外界好像隔著一層隔音玻璃，總是聽不清楚別人講的話。不是答非所問、不知所云，就是若有所思，恍若未聞。跳躍式的思考邏輯，讓周圍的朋友不知道如何應對。她的口頭禪就是「我覺得……」、「我想……」。很少理性、務實地去面對問題。不喜歡複雜的環境，喜歡待在安靜的地方做自己喜歡的事，特別是在家裡。夢夢根本是個懶骨頭，能躺就不坐，能坐就不站。大部分的時間，夢夢只會出現在兩個地方：客廳的單人沙發或房間的床上。她最喜歡做的事就是「睡覺」，左手摟著玩偶，身上蓋著涼被，窩在床上昏昏沉沉地睡一整天。

只要有人問夢夢為什麼喜歡睡覺？她會眉飛色舞地說：「因為可以做夢！」夢裡的世界，沒有壓力，沒有難題，也沒有一種叫做時間的東西。偶爾睡到一半，起來上個廁所，上床後還

可以夢見續集。在夢裡，她可以乘坐時光機，進入王子與公主的童話中，也可以置身汽車滿天飛的未來，到遠古的荒野看恐龍，也可以飛上黑暗遼闊的外太空。相較於現實生活的無趣，夢夢寧願沉浸在想像出來的世界裡。

今年的冬天特別冷，感冒的夢夢逮到機會，名正言順躺在床上昏睡，逃避日常生活的瑣事，因為沒有流汗所以懶得洗澡、因為肚子不餓所以懶得吃飯、因為沒有吃飯乾脆懶得刷牙，整個人越發蒼白與瘦弱。媽媽端了一碗雞湯進來，摸摸夢夢冰冷的手腳，又擔心又生氣。下定決心要想個辦法將這個嗜睡又愛做白日夢孩子叫醒。

走到書房，翻箱倒櫃地找出一盒好幾年前買的巴赫花精，照著書中指示確認夢夢生病時的負面情緒特徵——沉浸在生病裡，不想好起來。為夢夢選了「鐵線蓮」花精，滴了兩滴在雞湯裡，餵夢夢喝下後，再度走回書房，捧著書好好地研究一下該如何幫助這個孩子！

鐵線蓮的人通常是優秀的思想家、藝術家或發明家，因為他們的想法太過天馬行空，通常無法付諸實行，如果他們身邊有一位腳踏實地的實踐者，將有助於夢想的實現。鐵線蓮花精可以讓病人產生穩定性，讓他們的思緒可以落實在現實生活中，幫助他們回到實際面，並完成自己的責任與義務。不要太強迫這類型的小孩，從事需要邏輯思考的項目。支持他們與生俱來的藝術天分，藉由接觸音樂、美術，啟發他們天生的鑑賞力與創造力。

夢夢走進書房，感覺跟剛剛躺在床上的時候有很大的差別，眼睛炯炯有神多了，一屁股坐在媽媽腿上撒嬌著說肚子餓！媽媽匆匆闔上書本前，瞥見最後一行寫著：鐵線蓮可以幫助這些人從白日夢中清醒，更有覺知，更有元氣地活在當下。

 巴赫醫師的話

這些人喜歡幻想，總是昏昏欲睡，無法完全清醒，對現實沒有太大的興趣。它們安靜，但不滿於現狀，大部分時間都活在對未來的幻想中而非處於當下，總是幻想美好的未來，可以活得更開心，理想能實現。當他們生病時，很少會想要努力恢復健康，甚至有些情況下會希望死亡，因為這樣或許會更快樂，或因此能夠見到失去的愛人。

野生酸蘋果

野生酸蘋果類似山楂，有幫助消化或清腸的作用。它是
一個具有淨化功效的花精，特別是當人們感覺自己遭到
毒物入侵、被病菌感染的時候，可以用它來潔淨傷口、舒
緩不潔淨的心態。

Crab Apple

19
age of the second
nineteen

問題皮膚　柔柔

　　柔柔非常愛乾淨,地板踩起來沙沙的,會讓她心情不好!
家裡東西亂丟,也會讓她心情不好!使用過的東西沒有物歸原
位,就會覺得很不舒服,影響了心情。為了滿足女兒對環境高
標準要求,媽媽整天忙著打掃,一雙手又粗又乾,慘不忍睹。
柔柔家的整潔,一塵不染好比樣品屋,從來都不擔心客人突然
到訪。

　　衣服不小心滴到醬油,要換掉!洗手弄濕袖口,要換掉!
柔柔除了愛洗手,回到家裡一定馬上洗澡,有時候流了一點汗,
還吵著洗第二次。發現廁所的地板潮濕不乾爽,就會痛苦萬分,
跟媽媽說這樣沒有辦法上大號!寫功課前老是花很多時間東摸
摸西摸摸,非得將桌面打理得整整齊齊,否則沒有辦法靜下心
來做事情。

　　柔柔最害怕公共廁所,很抗拒在外面大小便,這一點讓父
母非常困擾!廁所太黑,地板太濕,垃圾桶太髒,味道臭臭的

……總是有許多理由，讓她在廁所門口跟媽媽拉拉扯扯，又哭又鬧抵死不從！時間久了，媽媽也知道，還是不要強迫她的好，假如真的逼她進去，鐵定害她做惡夢！

柔柔對噩夢的定義，跟其他小孩不同。她說自己不怕鬼、不怕黑。平時行得正、坐得正，所以鬼不會來找她。不怕大野狼、不怕虎姑婆和吸血鬼，因為那都是故事書裡虛構的角色，和現實生活一點關係都沒有。可是，她最怕夢見骯髒的廁所，垃圾桶溢出衛生紙，黑黑的髒水與穢物。這種可能出現在日常生活中的惡夢，比什麼都還要可怕。

時下最流行的露營，柔柔一點也沒興趣，因為不喜歡鞋子沾到爛泥巴，不願意用手摸土，不想坐在草地上，更不可能跳進小溪裡玩水抓魚。踏青回家路上，常會發現她身上上冒出一顆一顆疹子，或是被蚊蟲叮咬得滿腳都是紅豆冰，一年半載疤痕都不會消。這還不打緊，柔柔常常為了身體的小傷口，大驚小怪影響心情，一下子說傷口好像漸漸癒合了，一下子又忍不住把剛結痂的部位摳掉。受限於柔柔這種龜毛又潔癖的個性，與極度敏感的皮膚，周末假日常常哪兒都不能去，只好配合她待在「乾淨」的家裡！

柔柔常因為皮膚癢而鬧脾氣，領口後面的標籤，會癢！刺刺的羊毛衣，會癢！不透氣的化學纖維，會癢！除了純棉，其他布料都不喜歡！看到發霉的吐司、爛掉的蘋果、酸掉的鮮奶、沒洗的抹布、泡水的衛生紙，柔柔一定馬上別過臉，嚇得花容

失色，滿手雞皮疙瘩，大喊：好噁心！好噁心！

　　有一天放學，柔柔抱怨著身體不舒服，因為班上最近很多人生病，自己一定也被傳染了！媽媽說：「妳怎麼會這樣想呢？」柔柔說：「坐在我旁邊的小朋友感冒了，雖然她上課有戴口罩，可是中午吃飯的時候，一邊吃一邊講話，有兩顆飯粒從她嘴巴裡面噴出來，掉到我的碗旁邊，所以我覺得她的感冒病毒一定是這樣跑進我的便當裡！雖然後來我沒有繼續吃，可是媽媽，我覺得病毒一定早就入侵到我的身體裡面了啦！妳要趕快帶我去看醫生。」

　　媽媽嘆了一口氣，拿出大瓶的野生酸蘋果花精，滴了兩滴到注滿水的浴缸裡，安慰柔柔：「來吧！我們來泡個熱呼呼的花精澡，它可以幫妳趕走心裡的細菌與病毒，讓妳感受到內在與外在的潔淨，心情也不會再因此繼續沮喪下去囉！」

巴赫醫師的話

　　這是一種具有淨化功能的花精。這些人似乎覺得自己某些部分不怎麼潔淨，通常他們都會關注一些顯然無關緊要的小事情，他們太在意小毛病了，反而會忽略一般人認為比較嚴重的疾病。

　　以下兩種狀況他們會迫切地想要解決，一種是他們心中認為最嚴重的問題；另一種則是他們認為有必要加以治療的問題。假如治療失敗，他們會變得意志消沉。野生酸蘋果是一種淨化的花精，假如病人深信毒素已經深入傷口，必須被排除，此時可以用它來潔淨傷口。

Note to Self

榆樹

挺拔高大的榆樹，受到小小的黴菌感染，透過地下根傳染，一大片一大片的死亡。就好像有能力的人，面對挑戰時，因為對自己的期許過高，「突然」覺得自己喪失能力。榆樹花精可以協助克服這種沮喪的狀態，調整心情，減少失常的情況發生。

Elm

79 *tree of the second nineteen*

忽然沒信心　　君君

　　再過兩天就是鋼琴演奏發表會了，君君今天忽然變了一個人，該練琴的時間，竟然坐在電視機前面看卡通。媽媽三催四請，她才老大不高興的「唉呦～」了一聲，從沙發裡站起來走向鋼琴。

　　音量不穩，左手過重，右手技巧不對，拍子忽快忽慢，忘記休止符，沒有感情，一首小約翰史特勞斯的〈藍色多瑙河〉，這麼輕快華麗的圓舞曲，嘟著嘴的君君卻彈得沉重呆版又夕戲拖棚，預定 12 分鐘的表演時間，彈了快 20 分鐘。

　　明明昨天還自動自發左右手分開練，自己錄音，計時，挑段落重複加強，怎麼今天的表現完全不一樣？小時候也學過鋼琴的媽媽，實在沒有辦法再忍受刺耳的旋律，終於按耐不住開口糾正。

　　「君君，妳可不可以打開節拍器，我發現妳拍子忽快忽慢耶！左手可不可以小聲一點？而且妳中間有一個部份，每次都

會卡住，要不要先練熟一點？」

　　話才講到一半……坐在鋼琴椅上的君君突然「哇……」大聲哭了出來！

　　「我不要表演了啦！學鋼琴幹嘛一定要上台表演？你們大人很奇怪耶！我只有說要學鋼琴，又沒有說要表演。而且為什麼一定要表演比較難的，我說要彈簡單的，妳跟老師就說不可以。幹嘛天天要練琴，練了你們又說不好聽……我不管啦！我就是不要去就對了！反正我就是彈不好，再怎麼練也沒有用，上台反而會更丟臉！那我不要學總可以了吧！」

　　媽媽抿著嘴巴，要求自己想克制說服君君繼續練習的衝動，走到鋼琴旁邊，跟君君併排在鋼琴椅上坐著。「君君，媽媽試試看右手好嗎？妳幫我伴奏」一陣兵荒馬亂後，皺著眉頭的君君不敢置信地說：「媽媽，妳彈得超爛的耶！」媽媽挑起眉毛說：「我已經20年沒有彈鋼琴了，好不好？不過聽起來很簡單，有些地方真的很難，再讓我練一下，感覺就回來了啦！好啦！好啦！妳比我還厲害！」

　　看君君的情緒稍微緩和了一些，媽媽說：「今天不要練了吧！我們去客廳看電視」

　　這時君君終於敞開心房說：「媽媽，我今天心情不好又很累，什麼事都不想做。突然覺得自己彈得很爛，妳說的那些重點，我本來都知道，可是我彈得時候頭腦一片空白，全部忘光光，而且手變得很沒力。」

媽媽會心一笑，遞給君君一杯榆樹花精，告訴君君：「這兩天妳要不要試試看榆樹花精呢？它可以讓我們知道自己能力的極限，不會為自己設立太高太難的標準，又因為沒有辦法達到自己的期望，而感覺沮喪。簡單的說，就是可以幫助妳平常心面對演奏會的花精。」

　　君君說：「我要！我要！我很需要！！！」

　　兩天後，媽媽坐在台下，看著君君帶著微笑走上舞台，態度從容坐下整理裙襬，挺直腰桿，深深吸一口氣，讓流暢的音符，從琴鍵上跳躍的指間流瀉出來。當君君的琴聲，嘎然而止的瞬間，全場爆出如雷的掌聲，媽媽知道，起立鞠躬的君君，內心必定百感交集，寂寞漫長而辛苦的練習，過程中培養出來的抗壓性與面對挫折的能力，一定可以伴隨著掌聲，在她小小的心靈裡，烙印出一個深刻的痕跡，而這個珍貴的經驗，將陪伴著她在往後漫長的人生歲月裡，源源不絕的產生克服難關的決心與毅力。

　　孩子們學習才藝或面對考試，都是一連串抗壓與受挫的過程，需要榆樹花精的總是一些能力原本就強的孩子，他們常給予自己過高的期許，卻因為沒有辦法達成而導致沮喪失常或忽然想放棄的現象。透過榆樹花精，可以幫助孩子看清自己的能力，並且領悟到凡事盡其在我，不可輕言放棄的道理！

巴赫醫師的話

　　這些人正執行著良好的工作，遵循著他們的人生使命，以及希望做一些重要的事，而這些事通常對人類有益。偶爾他們也會有沮喪的時刻，例如當他們覺得承擔的工作過於艱難，已經不是一般常人能力所能到達的範圍。

Note to Self

龍膽

龍膽是花朵中的慢郎中，總是拖到花季快結束才開花，就算開了花也會很快的闔上。不擅與其他植物競爭的龍膽，嬌小脆弱，只生長在別人不喜歡的貧瘠土壤裡。象徵著龍膽人格特質的人，遲疑、猶豫、沒有競爭的意識的悲觀思想。龍膽花精幫助人們由懷疑到信任，領悟到只求過程認真努力，不計較成敗得失就算成功的人生哲學。

人格特質發展的正向美德：領悟（Understanding）

負向的行為和情緒表現：懷疑（Doubt）

Gentian

one of the twelve healers

12

容易氣餒　凱凱

　　凱凱是個內向又靦腆的小孩，作息規律，胃口很好，不搗蛋、不鬧事，整天乖乖地跟在媽媽身邊，白白胖胖很討人喜愛。當了哥哥，開始上學後，卻開始讓人頭痛！

　　參觀幼稚園的第一天，凱凱給老師的第一印象非常好！懂規矩、守秩序，和教室裡的同學相處融洽。觀察了一個上午，園長拍拍胸脯媽媽說：「適應上沒有問題，明天就可以來上課。」媽媽小心翼翼地試探著：「嗯！可……是……他還蠻愛哭的喔！」教室裡的老師，將凱凱牽出來交給媽媽說：「媽媽，妳太客氣了啦！」又低著頭對凱凱說：「人家我們凱凱很乖、很勇敢，對不對？明天就開始上學囉？」凱凱看著老師，很誠懇的點點頭！（媽媽心想，那是你們不知道他的厲害！）

　　果然不如媽媽所料，閱人無數的老師，這次真的看走眼！凱凱剛開始還搞不清楚狀況，傻呼呼的一個口令一個動作。學習能力強，領悟力高，舉一反三有創意。

剛剛開始上學的幾天，準備跟媽媽分開的前幾分鐘，雖然凱凱的淚水在眼眶裡打轉，只要給他個新鮮的玩具，馬上可以成功轉移注意力。

　　第二個禮拜後，凱凱熟悉了周遭環境，「愛哭」的本性，才逐漸顯露出來。

　　幫老師拿小水桶，搖搖晃晃，灑出一點水，「哇～～」

　　美術課，著色不小心塗出線外「哇～」

　　畫破圖畫紙 「哇～～」體能課，觔斗翻不過去「哇～～」

　　玩老鷹抓小雞被抓到 「哇～～」不小心尿溼褲子「哇～」

　　玩具搶輸其他小朋友「哇～」愛吃的布丁掉到地上「哇～」

　　摺紙趕不上大家的進度 「哇～」

　　老師從無法置信到恍然大悟，原來凱凱是個只要受到挫折，就容易氣餒的小孩。

　　對於凱凱堅持度低落的個性，媽媽才更是有苦難言。每次有新的計劃或想法，凱凱總是興致勃勃，點子一大堆。事情如果進行地順利，那真是上輩子修來的福氣。可惜，大部分的時間，總是會遇到一些挫折或困難點。凱凱通常在這時候放棄，感到沮喪，悲觀消極，一點也不想繼續下去！碰到自己不想做的事，更是百般拖延，遺忘或逃避。因此很多學習的機會，也就一次一次被凱凱這樣子放棄了！

　　每次兄弟吵架，都是哥哥哭得稀哩嘩啦，媽媽簡直又好氣又好笑！當初一起學游泳的弟弟，現在都可以一口氣游出去

再游回來，凱凱卻還緊抓著游泳圈不放。一起上英文的弟弟，也開始咿咿呀呀跟英文老師雞同鴨講，凱凱卻只停留在指認ABCD的階段。幼教專家常說每個孩子的領悟力與成熟度不同，最好不要事事比較。但最了解凱凱的媽媽，寧願大鳥慢飛，無奈家裡這隻鳥根本不想飛！

最近，媽媽為了幫大班的凱凱戒尿布，花了不少心思！話說，這已經是第三次挑戰。第一個夏天，尿濕了幾次，可能還太小！第二個夏天，原以為重賞之下必有勇夫，告訴凱凱只要連續集滿五張不尿床貼紙，就可以得到一個最想要的玩具。前三天都安然度過，凱凱也胸有成竹地認為自己馬上就要變成不包尿布的大哥哥。想不到第四天睡前多喝了一杯鮮奶，半夜就傳來凱凱崩潰大哭的聲音。媽媽的心當場涼了半截，果然，第五天睡前，凱凱說什麼都不願意只穿小內褲睡覺，好說歹說就是一定要包著尿布才肯上床。理由是連續五天不尿床才有禮物，實在太難了！一想到要重頭計算，凱凱就悲從中來，意志消沉地決定放棄！

他說：「反正我就是不行嘛！」「我就是沒有辦法嘛！」

「沒有用啦，我一定會失敗！」「如果會失敗，那不如不要試！」

天氣漸漸暖和起來，媽媽盤算著今年的作戰計畫：

一、絕對不能「累積」「連續」不尿床天數。

二、睡前一小時千萬不能給太多流質飲料。

三、自己辛苦一點，半夜抱他到廁所再尿一次。

四、提醒他大班畢業宿營，包尿布會被同學發現。

五、給予龍膽草花精，增強凱凱想要成功的信念。

上學的早晨，媽媽問凱凱：「凱凱！媽媽有一種花精叫龍膽草，你想不想要試試看？這個花精不能幫你『成功』，卻可以幫助你『堅持』跟『不懷疑』喔！」凱凱說：「那有沒有可以成功的花精？我比較需要『成功』！」媽媽說：「三十八種花精，每一種都有可能耶！你覺得自己為什麼不能成功呢？」

凱凱不好意思地抓了抓頭，笑著說：「嘿嘿！就是『不堅持』跟『懷疑自己會成功』啦！」媽媽一邊幫凱凱在上學的水壺裡滴兩滴花精，一邊希望凱凱可以藉由花精的訊息，領悟到無論如何，努力的「過程」永遠比「結果」重要。只要盡最大的努力，就是成功！

 巴赫醫師的話

這些人容易感到氣餒。縱使病情逐漸好轉，或日常生活事物有進展時，一但遇到任何小延誤或阻礙時，將引起他們的懷疑，進而很快地感到挫折和沮喪。

荊豆

荊豆盛開在冬至左右，一年當中黑夜最長的時期。金黃色的花朵好比燦爛的陽光，為連日陰霾注入活力與希望。荊豆有強大的生命力與再生能力，可以轉化人們絕望放棄的心態，重新開啟治癒的信心。所以大家都說荊豆花精是「瓶中的陽光」，可以幫助放棄希望的族群重新振作，從積極樂觀的角度看待生命。

Gorse

one of the seven helpers

7

深度的絕望　　衡衡

　　衡衡從小就有很嚴重的異位性皮膚炎。幾乎每張照片都是紅通通的腮幫子跟沒有笑容的臉。打從有記憶開始，衡衡只記得一件事跟一句話：很癢！不要抓！

　　對於這個小孩，媽媽是很心疼又愧疚的！別的小嬰兒總是吃飽睡、睡飽吃，安詳地躺在嬰兒床，睜著烏溜溜的大眼睛好奇地看世界。自己的兒子卻被綑綁住手腳，躁動不安地在嬰兒床裡嚎啕大哭。實在不忍心稍微放開他的手腳，一個不留神就發現他已經把自己的臉上、身上抓出一條條血痕。因為皮膚的問題導致情緒不安、躁動、不易入睡，衡衡整天掛著黑眼圈，都愁眉苦臉，沒什麼精神。

　　水解蛋白奶粉、延後餵食副食品時機、提早接觸過敏原，避開過敏食品、維持環境乾燥整潔、購買除濕機空氣清淨機、生機飲食精力湯、塗抹類固醇藥膏、中醫調養、民間偏方、純棉衣物、避免絨毛玩偶、使用無皂鹼、無芳

香劑清潔產品、運動打球提高免疫力、室內開冷氣恆溫空調避免流汗……只要說得出來的注意事項，媽媽都耳熟能詳。到頭來連皮膚科名醫都搖搖頭說：「只能減少情緒波動與精神壓力，因為經過證實負面情緒與精神壓力會導致內分泌失調。」但是媽媽真的不懂，一個嬰兒哪有什麼精神壓力？

　　梅雨季節是衡衡痛苦的開始。先是悶熱潮濕，接著是汗流浹背的酷暑。經過一個冬天細心呵護的皮膚，好不容易結痂脫皮。天氣熱一流汗，又會開始「越癢越抓、越抓越癢」的惡性循環，全身開始出現紅腫、水泡，又因為不斷搔抓而破裂，滲出液體，引起細菌感染，出現流膿現象。

　　同學常常因為衡衡的外表，對他敬而遠之，說他好噁心、鐘樓怪人、怪物、紅豬、關公臉、石頭人，他坐過的桌椅，摸過的書本，大家避之唯恐不及，深怕被傳染。每次分組活動就是他最尷尬的時刻，一開始都是沒有人要跟他一組，接下來老師出面，又會聽到被選到的組員大聲哀號自己好衰之。只要天氣太悶熱，老師就會叫他去保健室吹冷氣，全班小朋友不約而同都發出羨慕的聲音：好好喔～怎麼那麼好，可以不用上課！我也想去保健室吹冷氣啦！為什麼我都沒有異位性皮膚炎？經歷過無數次衝擊，衡衡早已練就一身面無表情的功夫，心裡想：真希望你們這一群笨蛋有我這種爛皮膚，順便體會一下被嘲笑、被討厭的感覺，看你們還會不會羨慕我？

加上常因為晚上睡不安穩而遲到，發作厲害的時候，媽媽根本捨不得他出門上學，常常一早打電話到學務處請假。如此惡性循環，衡衡學業表現與人際關係都每況愈下。

家中也因為有衡衡這樣一個需要特別照顧的特殊孩童，從他一出生起，就時時處於壓力破表的臨界點，媽媽常常會因為身心俱疲而情緒崩潰，爸爸也因為回家就看到太太一身狼狽、累癱臭臉的樣子，常常找藉口加班，多賺一點醫藥費，其實是不想踏入絕望的家門。這個家，沒有笑聲，沒有歡樂，沒有溫度，沒有希望。

有一天，經過朋友介紹，媽媽帶著衡衡接受花精諮商。

諮商師注意到衡衡氣色暗沉，有非常明顯的黑眼圈，彎腰駝背地走進諮商室。

初步了解衡衡的狀況後，有了下面的對話：

諮商師：「你好！我可以問你幾個問題嗎？」

衡衡：「可以啊！不過我覺得自己沒有什麼問題。」

諮商師：「今天媽媽帶你來，希望透過花精療法幫助你平衡情緒與壓力，看看是否會對你的異位性皮膚炎有幫助。」

衡衡：「哎呀！沒有用的啦！每次看新的醫生都會這樣說，還有的會跟我說一定有效。我早就試過幾千種方法了！每次都被騙，你們都只是在浪費時間而已。我的病就是會這樣糾纏我一輩子，沒救了啦！」

諮商師：「你對自己這樣的皮膚，有什麼感覺？」

衡衡：「沒什麼感覺啊？早就習慣了！」

諮商師：「會討厭它讓你癢得受不了嗎？」

衡衡：「當然會啊！忍到受不了，就乾脆超級用力抓下去，流血就讓它流血。」

諮商師：「如果你的皮膚狀況好一點，可以跟其他同學一樣，天天去學校上學耶！」

衡衡：「我其實比較喜歡天天在家吹冷氣！」

諮商師：「你喜歡現在這樣的狀況啊？」

衡衡：「大家不會來煩我，也不用考試，請假遲到都不會怎樣。還不錯啊！」

諮商師：「如果我可以給你一個花精，讓你的皮膚漸漸不再發癢，你想試試看嗎？」

衡衡：「好啊！妳就開給我吧！等我用了以後，就可以證明妳的花精是沒有效的。」

諮商師跟媽媽說，衡衡因為長久以來受到疾病的折磨與治療無效的經驗，因而表現出「懷疑與絕望」的負面情緒。在他小小的心靈中，不知不覺已經得到一個結論：如果所有的努力都是白費工夫，倒不如一開始就放棄，這樣就不會因為希望落空而受到傷害。

因為「放棄」也是一種生存的手段，讓衡衡逃避一切的試煉與挑戰。在這樣的情況下，「懷疑與絕望」的情緒，將會成為療癒的絆腳石，如果不先去除，給予再多的治療，效

果都不明顯。荊豆花精可以為衡衡帶來希望與信心，給出有如「當頭棒喝」的訊息力量，告訴衡衡該從另一個角度看待人生，點燃心中希望的火苗，相信自己一定可以找到方法與原因，解決自己的皮膚問題。

 巴赫醫師的話

　　他們非常絕望，已經放棄信仰，認為再怎麼做都沒有希望。他們在別人的說服之下，或者為了取悅他人，可能會嘗試各種治療，但在治療的同時，也會向周圍的人表示治癒的希望相當渺茫。

Note to Self

石楠

一位滔滔不絕談論自己的女士，在診療的過程中說：「滿山遍野的淡紫紅色石楠花，可以讓我心情安定。」巴赫醫師因此發現石楠花。石楠花精可以幫助人們不再因為孤獨而焦躁不安，讓內心就像平靜無波的湖泊，就算獨自一人也可以感受到完全的祥和與快樂。

Heather

one of the seven helpers

7

嘴巴閉起來　豪豪

「豪豪，安全帶綁好了沒？我們要出發囉！」

「媽媽！為什麼路上計程車，大部份都是 TOYOTA 啊？」

「因為它很好開啊！請問你安全帶綁好了沒？」

「媽媽！為什麼計程車都是黃色的啊？」

「因為這樣很明顯，也比較好認啊！」

「我如果沒有聽到安全帶『喀一聲』就不發動引擎喔！請你快
　一點！」

「媽媽！為什麼我們家不開 TOYOTA 的車子啊？」

「豪豪！請你先把安全帶綁好，否則我就不回答！」

「好啦！好啦！好啦！每次都要綁安全帶，很煩ㄟ！」

「媽媽說過很多次了！上車第一件事就是綁安全帶。不管什麼
　時候都要！」

「媽媽！為什麼我們家不開 TOYOTA 的車？」

「因為爸爸沒有很喜歡它的外型！今天在學校有沒有好玩的事

跟我分享一下？」

「媽媽！那我們換 TOYOTA 的車子來開好不好？」

「那要問爸爸，買車這種大事都是他決定的。我們可以不要再
　聊 TOYOTA 了嗎？我想知道你今天上學好不好玩啦？」

「我以後長大第一個要開的車是挖土機！我要開挖土機把房子
　挖掉，然後再開始蓋房子！妳要住我蓋的房子嗎？哥哥說他
　要住一樓，因為他以後長大想要開小兒科，我要住二樓，妳和
　弟弟住三樓，爸爸住四樓，阿嬤住五樓，阿公住六樓，阿姨住
　七樓，舅舅住八樓，頂樓有一個空中花園可以露營、野餐、中
　秋節烤肉……」

「豪豪，你為什麼忽然想要蓋房子啊？因為昨天晚上我們一起
　看的那本《建築師傑克》的繪本嗎？」

「啊！我們班今天有一個新來的小朋友！」

「新同學嗎？他叫什麼名字呢？」

「他好吵喔！整天一直哭著說：『要回家找媽媽。』吃點心的
　時候，他一邊吃一邊大哭，然後就吐了！」

「你有沒有去安慰他，陪他玩玩具，跟他做朋友？」

「啊！我們下個禮拜要去校外教學耶！老師說那天要穿運動服，
　還要記得帶水壺跟防曬油還有防蚊液。」

「豪豪，現在是下班時間，路上車子很多，媽媽要專心開車，
　從現在開始不能跟你講話囉。我放音樂，我們一起安靜聽，回
　家再繼續聊，好嗎？」

「媽媽，我們學校今天很好玩喔！老師有給我們看很多車子的圖片，我知道很多車的名字耶！除了 TOYOTA 以外，還有馬自達，三菱，福特，VOLVO，LEXUS，賓士，BMW，福斯……」

「豪豪，你一直講話我們都聽不到音樂了！而且我剛剛就請你安靜一下囉！」

「媽媽，你比較喜歡賓士還是 BMW？爸爸說他比較喜歡 BMW，因為他們家最近的外型比較好看。」

「嗯」

「媽媽，哪一個啦！你比較喜歡賓士還是 BMW？」

「嗯」

「媽媽，嗯的意思是哪一個？賓士還是 BMW？」

「我現在不想講話！我要認真開車，請你安靜一下！回家我再告訴你。」

「媽媽……可是我肚子好餓喔！」

「……」（媽媽的怒氣直線上昇，憤怒指數即將破表）

「媽媽……」

「（（（（（（安　）））））） 靜　）））））））！」

「媽媽，我想要一張衛生紙，我要擤鼻涕！」

「媽媽，那我可以唱今天老師教的歌給你聽嗎？」

「媽媽，我口渴，我要喝水！」「媽媽……」

「媽媽……」「媽媽……」

許多育兒專家都說車子裡的親子時光是很親密的，應該把握機會跟孩子聊天談心，可是不知道為什麼，每次的接送時間，到後來都會搞得家長發怒、小孩委屈。嘆了一口氣，是自己太沒有耐心，還是小孩有問題呢？為什麼長輩都說他聰明又可愛，講話很有條理，但只要自己跟他獨處一段時間，就會有種很想要逃離的感覺？

進了家門，第一件是就是給豪豪一杯石楠花精水，約法三章，媽媽趕時間進廚房準備晚餐，如果他乖乖地自己在客廳看書、玩玩具等爸爸、哥哥、弟弟回家開飯，那晚上媽媽就陪他講三個睡前故事！豪豪滿心期待點頭答應，自得其樂地沉浸在自導自演的飛機與小汽車大戰情節裡。媽媽也鬆了一口氣，耳根清靜地讓晚餐準時上桌。

石楠花精可以幫助孩子減少孤獨感，讓他們不需要透過與大人交談的連結，就能感受到愛。當他們喋喋不休卻又沒有什麼主題，甚至和我們雞同鴨講的時候，就是給予石楠花精最好的時機。

巴赫醫師的話

這些人總是在尋找可以作陪的同伴，不管是誰都可以，因為他們發現有必要和別人討論自己的事情。如果必須獨處，不管時間長短，他們都會感到不快樂。

冬青

冬青那紅色的果實與尖銳的葉子，最為人熟知的角色，便是聖誕節的裝飾品。它總是陪伴著人們，在寒冷的冬季，圍著火爐與家人團聚在一起，享受被愛包圍的氛圍。冬青花精可以刺激刺激人類靈魂中愛的天性，被視為「打開心房的花精」，可以化解所有因為缺乏愛而產生的憤怒、忌妒或報復的心態。

Holly

one of the second nineteen
19

我好忌妒　　莉莉

莉莉剛當上小姊姊！這個本來很期待的角色，自從弟弟出生以後，就再也沒有興趣了！

為什麼弟弟在睡覺，玩玩具就不可以發出聲音？

為什麼只要弟弟又哭又鬧，就一定要讓他？

為什麼弟弟三歲就可以不懂事，我三歲的時候就當姊姊要懂事？

為什麼我一定要做弟弟的榜樣，弟弟不乖就是向我學壞？

為什麼男生都不用幫忙做家事，女生就要？

為什麼從弟弟生出來以後，客人來家裡就只喜歡逗他玩？

莉莉的內心有太多太多怒氣，覺得都是因為弟弟出生，取代了自己獨生女的地位。現在什麼好處都被弟弟搶走，自己還變成要考試寫功課的小學生！

「走開啦！叫你走開有沒有聽到！」

「不要碰我的東西！」

「你要是敢再拿我的東西，我就揍你喔！」

明知道自己這種態度，一定會被大人制止，甚至因此受到處罰，可是莉莉就偏偏想用這種方式發洩自己的怒氣！趁媽媽不注意推弟弟一把，故意把弟弟的玩具藏起來，假裝不小心打翻他的飲料，踢倒他的積木，只要抓到弟弟的把柄，逮到機會馬上告狀！這些具有攻擊性的小動作，就是莉莉心理平衡的小確幸。

　　明天要期末考，弟弟卻在客廳開心地看電視，跟媽媽抱怨了為什麼弟弟可以看電視，媽媽卻只是溫柔地請弟弟將電視音量調小聲，關起房門請她專心在自己的複習上，不要把注意力放在弟弟身上。這真是太令人生氣了！莉莉覺得好生氣，好生氣！整個心燃起熊熊的怒火，簡直快要炸開了，嘟著嘴唇，握緊發抖的拳頭，拿著鉛筆將橡皮擦刺得千瘡百孔。越想越氣，一怒之下到把講義評量丟得滿地都是，哼！我一定要報仇，一定要讓討人厭的弟弟付出代價！

　　媽媽敲了門，端了一盤水果進來，發現課本丟得滿地都是，莉莉雙手抱胸嘟著嘴生悶氣，說自己肚子痛沒有辦法寫評量，仔細確認疼痛位置，原來是左邊肋骨下緣。媽媽問明原因，先為莉莉在疼痛處敷貼冬青花精，嘆了口氣將莉莉攬在懷中，分享了自己同為老大的幾個往事給莉莉聽，跟莉莉說明為人父母的無奈處，許多時候真的沒有辦法兩全，也謝謝莉莉的懂事與配合，明天考完試，母女倆來個小約會，去喝下午茶吃蛋糕！

莉莉漸漸覺得敷貼的地方不痛了，心變得軟軟的也暖暖的，覺得媽媽其實也很愛自己，而且媽媽比自己更慘，她有很多弟弟妹妹呢！擦乾淚水，終於有辦法靜下心來複習明天的考試了！

 巴赫醫師的話

　　冬青的花精可以用於那些有時被嫉妒、羨慕、報復、猜忌等想法困擾的人，同時也可以處理各種型態的煩惱。

　　他們內心深處可能遭受許多痛苦，不悅的心情經常也沒有什麼特別的原因。

Note to Self

133

忍冬

最初綻放的忍冬花是紅色,盛開的時期是白色,授粉後轉成黃色。就好像從過去、現在到未來。忍冬花精可以幫助那些總是緬懷過去美好時光的人們,放下對過去的懷念與執著,將心力放在現實生活,面對未來的挑戰。

Honeysuckle

one of the second nineteen

19

阿嬤帶大的小孩　德德

　　德德是阿嬤帶大的小孩，一直到上小學前的暑假才被接回台北跟爸爸媽媽住。為了讓德德順利銜接國小課程，媽媽在公司附近幫他找了一間安親班，希望德德可以利用暑假兩個月，適應台北的教育環境與生活作息。

　　剛開始的幾天，德德非常開心終於可以和爸爸媽媽住在一起，台北的家雖然比較小，可是有屬於自己的房間、全新的成長型書桌、漂亮圖案的寢具。媽媽還帶著他到百貨公司，讓他挑選自己喜歡的書包跟文具用品。只要想到可以跟小朋友一起上學，德德就開心得睡不著覺。

　　以前在鄉下，阿嬤堅持不要浪費錢念幼稚園，老是說讀書寫字以後有的是時間。三不五時帶德德晃到鎮上唯一的小兒科看門口掛號的人潮，指指點點地說，那個穿紅衣服的就是隔壁街誰誰誰的小孩，裡面那個穿黃色外套的是對面巷口誰誰誰的孫子，只要小孩去上幼稚園的，一個月請假兩個禮

拜，整天掛著兩條鼻涕，一天到晚被帶去小兒科掛號看醫生打針。一聽到「打針」兩個關鍵字，德德嚇得心甘情願天天跟著阿嬤，阿嬤去哪裡，他就跟到哪裡。早起公園運動、上傳統市場買菜、鄰居家串門子、傍晚廟口乘涼、晚上一起收看八點檔。德德是阿嬤的金孫，阿嬤是德德的最愛，祖孫倆天天黏在一起，形影不離。阿嬤逢人便得意地說，金孫在自己的照顧下，從來都沒有生病刷過健保卡。

可惜這樣輝煌的紀錄，在台北不到兩個禮拜就破功！原本只是輕微的小感冒，幾天後竟然惡化成支氣管炎住院，心疼德德的阿嬤，連夜坐高鐵趕到台北幫忙照顧德德，阿嬤一來，病懨懨的德德終於露出笑容，食慾大增，精神大好，祖孫倆嘰嘰喳喳聊不停。德德可以出院的那天，住不慣台北的阿嬤，決定提著行李直接回鄉下！德德從病房哭到高鐵站，再從高鐵站哭回家。肝腸寸斷的樣子，連媽媽看了都忍不住鼻酸紅了眼眶！

大病初癒後，德德常跟媽媽說自己胸口痛。整天像西施捧心一樣，愁眉苦臉無精打采，凡事提不起勁也絲毫不感興趣。西醫診斷不出原因，改由中醫調理。中醫師辯證處方後，語重心長地交代，心病還需心藥醫，否則什麼藥都進不去。離開中醫診所，母子倆找間咖啡店談心，德德說：「媽媽，你讓我回去跟阿嬤一起住好不好？台北不好玩，同學都笑我國語不標準，英文也不會講。說我沒有排隊也不懂得分享。

有天體育課大家去操場玩，我發現一隻好大好綠的蚱蜢，想要抓給同學看，可是他們全部的人都說我好髒好噁心，從那天之後，就沒有人要跟我一起玩了。而且妳跟爸爸每天下班回家都很累，我只好一邊自己玩玩具一邊想阿嬤。媽媽妳說小學生晚上要開始練習一個人睡覺，所以每天晚上我都躲在棉被裡偷偷想阿嬤哭到睡著，我真的好想回去以前，跟現在比起來，以前快樂一百倍，所以我只要一想到那個時候，胸口的這個地方就會好痛。」

　　媽媽心疼地摟了摟德德，誠懇地跟德德說抱歉，自己跟爸爸沒有多花一點時間陪著德德適應台北的新生活，並且答應德德，每月有一個週末跟整個寒暑假，讓他回去鄉下找阿嬤。可是也要德德知道，德德越來越大，阿嬤也越來越老，爸媽非常感激當年阿嬤不辭辛勞將德德帶回鄉下照顧，讓爸媽可以無後顧之憂地打拼事業，現在把他接回台北念小學，並不是狠心想將他從阿嬤身邊搶過來，而是希望阿嬤可以開始跟朋友出國走走，到處看看，享享清福，做些她這輩子一直想做卻還沒做的事。德德如果真的好愛阿嬤，也要用這樣的想法，學著長大，並且讓自己從沉溺的回憶中，慢慢地回到現實生活。鼓起勇氣面對改變以及挑戰，做一個讓阿嬤引以為傲的金孫，而不是哭哭啼啼的可憐蟲。

　　因緣際會下，媽媽透過朋友介紹為德德安排了一次巴赫花精諮詢，諮詢師開了忍冬的配方。她跟媽媽說，處於忍冬狀態

的人，並不是很願意接受治療，因為他們太執著地想留在過去，沒有辦法回到現在，甚至走向未來。胸口痛的原因，或許是他們的心靈渴望活在過去，而身體卻不得不處於現在，身心無法合一，才會產生問題。建議先將花精敷貼在忍冬反應區上，比較可以慢慢接受花精的訊息。

 巴赫醫師的話

　　有些人總是活在過去，也許是緬懷過去快樂的時光，追憶已故的友人，或是一些未能實現的雄心壯志。他們並不期待過未來能像過去一樣快樂。

角樹

角樹質地堅硬好比動物的角,以前常被拿來做輪軸的材料,象徵著「堅固的力量」。角樹的人懷疑自己沒有足夠的力量去應付每天的事務,而產生一種「假疲倦」的感覺,這種情形很像我們熟知的星期一症候群(Monday Blue)。角樹花精可以改善無精打采的心態,恢復熱心的工作態度。

Hornbeam

賴床　玲玲

　　「鈴～鈴～」玲玲的鬧鐘把全家都吵醒了，玲玲卻還蒙頭大睡，更何況這已經是她第五次按下延遲鬧鈴鍵了！

　　「玲玲！起床囉！」「好啦！再等一下！」
　　「玲玲！起床囉！」「拜託！再讓我睡一下！」
　　「玲玲！起床囉！」「好啦！再五分鐘就好！」
　　「玲玲！起床囉！」「唉呦！我頭很痛！」

　　每天上學，總是哀聲嘆氣、渾身不對勁，怎樣都叫不起來，害爸爸上班遲到，搞得全家火藥味十足。這個小孩晚上不早點上床，早上又爬不起來。

　　爸爸開著車，從後照鏡狐疑地看著捧著三明治吃的玲玲，精神跟心情明明很不錯啊？！簡直和半個小時前判若兩人，含著牙刷發呆、上衣少扣了一顆扣子、穿著一隻襪子呆坐在沙發

上恍神、趴在餐桌上瞪著早餐沒有食慾、總要人三催四請地上了車，降下車窗呼吸了幾口清晨新鮮的空氣後，玲玲才會如夢初醒，打起精神吃早餐！不過周末的早上玲玲倒是從來不用人叫，總是七早八早起床看書，自得其樂玩玩具。

接到學校老師關心的電話，媽媽很苦惱地向老師說明常常遲到的原委。老師一派輕鬆地說：「原來如此啊！小事一樁。平日早上起床後，接著要出門上學，玲玲的頭腦發出『一想到上學就疲勞』的訊息。媽媽如果仔細觀察，玲玲每天早上賴床時，必定也會翻來覆去睡得不安穩，因為她的心裡，其實會有一個聲音催促著她趕快起床迎接新的一天，但她卻總是認為自己還很累、睡不飽、沒有休息夠。所以翻開被子起床對玲玲來說，是一件很困難的事，需要相當大的決心，才能勉強做到。不過由於這是一種假疲勞，並非真正的疲勞，一旦離開被窩，就會展現原本的活力。」

「這種現象在星期一的早晨特別明顯，只要想到週一得面對整班精神不繼的小朋友，自己也不知不覺缺乏熱忱，變成週一晨間症候群了！哈哈！我也因為這個持續苦惱了一段時間，直到接觸了英國巴赫花精，發現裡面的角樹花精，對這樣的情形非常有幫助。怎麼說呢？因為角樹狀態的人，對自己的生命力感到懷疑，試圖『逃避』生活中所有不感興趣的例行公事。不相信自己有精神與體力完成所應承擔的責任與義務。而角樹花精在這個時候，就扮演『啟動器』的功能，可以強化我們『面

對生活的決心與力量』。一旦這種信念被啟動，跨越懷疑的門檻，接下來的事情，就容易多了！」

「每晚睡前給予一點角樹花精，不但不會讓玲玲亢奮睡不著，反而可以協助她放鬆身心，幫助入眠，讓隔天的工作更有效率，更有精神。現在的我常常在小朋友們進教室前，預先在教室周圍噴灑一些角樹花精，讓空氣中充滿角樹的訊息，接下來的課程，總是出乎意料之外地順利呢！」

 巴赫醫師的話

這些人感覺身心沒有足夠的力量可以去支撐生活上的負擔，每天要完成的事物對他們來說似乎太多了！而事實上，他們一般都能成功地完成任務。這些人相信，當他們身心的某些部分被強化後，他們就可以輕易地完成任務。

Note to Self

鳳仙花

巴赫醫師選擇的鳳仙花，是生長最快、最高大強壯的品種，象徵著鳳仙花人格特質的人，急躁、沒耐心、不耐煩的個性。他們寧願獨自工作，也不要等待慢吞吞的人。鳳仙花精可以幫助我們培養寬恕的美德，包容周圍那些速度較慢、能力較差的人，也可以避免因為莽撞衝動造成的意外與失誤。

人格特質發展的正向美德：寬恕（Forgiveness）
負向的行為和情緒表現：不耐煩（Impatient）

Impatiens

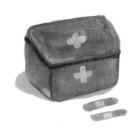

過動兒　翔翔

　　翔翔小時候是出了名的難帶，能站就不坐，能坐就不躺，就像勁量電池廣告裡打鼓的小白兔，整天動個不停！他的睡眠時間不長，吃得也不算多，因為活動量特別大，所以總是瘦巴巴的養不胖。看到翔翔拿著玩具衝過去，趕快餵一口水；追著玩具車爬過來，又趕快塞一口飯；好不容易坐下來翻書，趕快送上高熱量水果、點心，就是希望可以讓他能多長點肉。

　　從翔翔吃東西的習慣就看得出他個性很急，老是囫圇吞棗地大口吃飯，大口喝湯，上桌不到五分鐘便拍拍屁股走人，留下滿桌子飯粒跟菜渣。用餐時間常常聽到翔翔慘叫：咬到舌頭、燙到嘴唇、魚刺哽到喉嚨……意外事件三不五時上演！在他的字典裡，沒有細嚼慢嚥，細細品嘗這幾個字，吃東西對翔翔來說，只是一種補充體力的必要過程，東西好不好吃，根本不是重點！

只要翔翔待過的地方，總是一團混亂！如果注意觀察，你會發現翔翔其實不是故意搞破壞。他只是剛好同時玩積木跟小火車，忽然想到喜歡看的卡通開始了！跑到客廳開電視，途中經過書櫃隨手抓了兩本有趣的故事書，經過廚房順便倒杯水喝。因為急急忙忙倒得太快，灑了滿桌都是水，杯子裡的水裝得太滿，又滴的沿路都是。才剛放下茶杯，想起媽媽說過離開房間記得關燈，轉身跑回房間的路上，又被剛剛潑到地上的水給滑到了！

　　媽媽常常感嘆，自從生了翔翔以後，就再也沒穿過裙子高跟鞋，每天都是球鞋牛仔褲，全副武裝帶齊所有的急救藥品：OK繃、眼藥水、棉花棒、濕紙巾、乾洗手、消毒噴霧。翔翔走在路上橫衝直撞、跌倒擦傷不說，踩到狗屎、摔進水溝、撞到玻璃、滾下樓梯……意外事件層出不窮。別人家的小孩是用照片寫日記，翔翔是用傷口寫日記。帶翔翔出門，根本沒時間拿出相機，就算調好焦距、準備按下快門，這個天生擁有瞬間移動能力的小超人，早就不知道衝到哪裡去了！追小孩、抓小孩、罵小孩，受傷了還要安撫爆哭的小孩。曾經有段時間，心力交瘁很想重回職場，把翔翔託給保母照顧。保母才帶了一天，就很委婉地表示自己能力不足，沒有辦法幫忙照顧。翔翔驚人的活動力與破壞力，讓周遭親友敬謝不敏，沒人敢自告奮勇接下他這個燙手山芋。媽媽也只好硬著頭皮，天天數著饅頭，期待翔翔上學的日子趕快到來！

上學之後，媽媽又提心吊膽，害怕他在學校闖禍受傷。翔翔的家庭聯絡簿可說是告狀全紀錄！吃東西習慣不佳、粗魯撞到同學沒有道歉、上課跑來跑去坐不住、午睡不安分吵到別人、不排隊玩遊樂器材、作業本破破爛爛、字跡潦草不工整、第一個交考卷卻粗心大意錯誤百出。寧願自己玩，也不願意放慢速度配合大家的步調，老是嫌棄同學動作慢，久而久之，沒有人想跟翔翔分到同一組。

　　翔翔其實是個簡單的小孩！個性直接，一根腸子通到底，好惡分明，沒有所謂的灰色地帶。雖然常常因為沒耐性而生氣，但脾氣來得快去得也快，沒有心眼也不會記恨。他天生聰明伶俐反應快、執行能力很強，效率很高，今日事今日畢，做事情絕不拖泥帶水。

　　晚餐過後沒多久，翔翔跑來跟媽媽說肚子痛！媽媽放下手邊洗碗的工作，擦乾雙手，輕敲翔翔鼓起的肚子說：「翔翔！有沒有聽到咚咚咚的聲音？你又脹氣了！晚上吃粽子時，爸爸好心提醒你要多咬幾口慢慢吃，你不但不聽，一下子吃兩顆還唏哩呼嚕喝了一杯鮮奶。你看，這下子真的消化不良了吧！」媽媽在翔翔肚臍周圍塗一點脹氣膏，按摩一下幫助腸胃蠕動。

　　翔翔每隔幾分鐘就抱怨一次，「怎麼還沒好？到底什麼時候才會排氣？我已經痛很久了耶！（看了一下時鐘，才五分鐘？）媽媽！有沒有最有效的藥可以讓我快一點放屁啊？這個脹氣膏根本沒效！我什麼事都不想做，煩到快要受不了啦！」

廚房裡的媽媽，看翔翔坐立不安，躁動不安連連抱怨，嘆了一口氣耐著性子解釋：「翔翔！不是脹氣膏沒有效，是你太沒有耐性等候藥效發揮了！反正你很難睡著，不如現在去刷牙，媽媽幫你再多塗一點脹氣膏，等一下講睡前故事給你聽！」滴了兩滴鳳仙花精在房間裡的噴霧水氧機中，搭配幾種消除脹氣的精油，讓翔翔的房間瀰漫著芳香療法的精油香味與鳳仙花精的訊息。

「翔翔，你有沒有聽過愛麗絲與夢遊仙境這個故事？那你記不記得故事一開始，有隻老是看著懷錶，行色匆匆邊跑邊說『來不及！來不及！要遲到了！』的兔子先生？……」有時候，當我們覺得別人太慢，其實要檢討看看，是不是因為自己太快？如果可以靜下心來，慢下腳步，就不會犯下許多粗心大意的錯，事後會少吃很多苦頭喔！

 巴赫醫師的話

這些人的思考和動作都相當快，他們希望每件事在進行的時候，都不會有阻礙和延遲。生病時也會因為想要快點痊癒而焦慮。他們發現自己很難對速度慢的人表現出耐心，因為他們認為這樣不對，而且浪費時間，總是努力催促別人快一點。他們寧可獨自工作或思考，如此才可以按照自己的速度完成事情。

落葉松

落葉松生長在冰天雪地的凍原區，因為葉子在冬天會全部掉落，減少水分的蒸發，比起其他長青的針葉樹，可以忍受更低的溫度。落葉松可以為那些缺乏自信、面對挑戰容易失去勇氣、預期自己會失敗的悲觀主義者，帶來自信。幫助我們保有樂觀的信念，相信眼前遇到的難題，必定是自己能力可以應付的挑戰。

Larch

缺乏自信　安安

　　安安是個認真的小男生，從上學的第一天起，生活瑣事都不用大人操心，自己把功課寫好，聯絡本一定記得請父母簽名，按照進度預習複習，睡前把書包收好，（偶爾都躺好了，還會再爬起來確認是否將音樂課要用的直笛裝進去），並且再三確認設定好鬧鐘，才能安穩地睡去！

　　家長會的時候，老師問媽媽，既然安安喜歡畫畫，何不鼓勵他參加校內比賽？他在學校的課業表現不錯，也有許多比賽的機會可以把握！媽媽這才知道，原來安安不是個懂得把握機會，毛遂自薦的小孩。

　　回到家裡，發現安安正拿著圖畫紙隨意創作，湊過去一看，沒有多想便說：「安安！你畫的人物，動作可以多變一點啊！有的可以坐，有的可以跑，手的動作也可以更豐富一點，比如像這樣彎起來，或是兩手張開，一隻手插腰，一隻手插口袋也可以。衣服也可以發揮想像力，不一定要塗滿（隨手拿了一隻

彩色筆）你看喔！可以畫條紋、圓點、格子啦……還有很多圖案可以創作。你看！這樣是不是更好看？老師說下個月學校有兒童美展徵稿，你這張畫的很不錯，要不要拿去學校交？」

殊不知安安的表情越來越沈重，又是生氣，又是難過，當著媽媽的面，抓起圖畫紙，揉成一團丟到垃圾桶。「那有好看啊！妳明明就說我畫得不好啊！幹麼還要拿去參加比賽？而且跟妳說啦！就算交出去了，我也沒有希望得獎，我們班畫得比我好的人很多，好不好！他們都從幼稚園就開始學畫畫了耶！我又沒有學很久。」

媽媽：「你為什麼覺得自己畫得不好？畫畫並不是誰學得久，誰就畫得好！而且媽媽並沒有說你畫得不好啊！你怎麼會這樣認為呢？參加比賽本來就是一件很有挑戰性的事，你不覺得報名參加，經過一番努力，通過緊張刺激的比賽，如果幸運得到獎狀獎盃，很有成就感嗎？而且，如果你覺得自己畫畫還不夠好，今天老師說這學期開始，還有很多機會可以報名，像查字典比賽啦、中英文朗讀比賽、台語歌謠比賽、賽跑，你也可以試著接受挑戰嘛。」

安安：「唉呦！早就來不及了啦！大家在推選比賽的班級代表名單時，我就沒有舉手自願出來讓大家投票。我才沒那麼笨咧，要是舉手自願，人家沒有投我一票，不是很丟臉？　而且就算當選了，代表班上參加比賽輸了，回來被大家笑不是更慘？倒不如把時間拿來寫評量跟測驗卷！再兩個禮拜就要期中

考了，我一定會考不好，媽媽，你等一下帶我去書局再買一本數學讓我練習好不好？我們班上第一名的同學，他都在下課時間就把回家功課寫完耶！我現在也要學他，這樣回家才可以有更多的時間寫評量跟複習。」

媽媽：「可是媽媽不喜歡你這樣！下課時間就是應該要出去跑一跑、跳一跳，活動一筋骨，放鬆眼睛。怎麼可以整天待在教室裡面，就算是因為這樣得第一名，我也不會高興！除了學校的功課，還有很多東西值得我們學習，有好品德會玩又會讀書才是真正的好學生。」

安安：「我才不要跟成績爛的同學玩。我只跟比我厲害的人做朋友。不然以後別人說不定會以為我是成績不好的人。」

媽媽終於瞭解，安安這些負面的思想與行為，都是沒有自信所衍生的後遺症。因為沒有自信，所以不能接受批評；因為沒有自信，所以時時刻刻鞭策自己；因為沒有自信，所以崇拜能力比自己強的對象；因為沒有自信，所以不敢接受挑戰與可能伴隨而來的失敗。

耐心地將上述的原因，分析給出來後，再問安安：「是不是覺得自己有這方面的困擾？如果剛剛提到的其中一些情形讓你心情沮喪，那麼落葉松花精可以幫助你不再自我限制，勇於接受及面對挑戰，以及善意的批評。如果你願意試試看，那我就給你落葉松花精！」

觀察了安安一個禮拜，漸漸發現安安因為落葉松花精而產

生的改變：安安對別人批評指教的話語比較不那麼敏感易怒，感覺起來也開始不那麼在意他人的看法，寫完功課後的時間，開始拿著課外書看，有一天問他怎麼沒有準備明天的小考？安安竟然說：「我想我應該都懂了，也已經準備好了！」

 巴赫醫師的話

　　這些人認為自己不像別人那麼好或有才華，他們預測自己會失敗，覺得自己不會成功，因此不敢冒險，或是不敢有渴望成功的強烈企圖心。

溝酸醬

柔弱纖細的溝酸醬生長在乾淨不受汙染的溪水邊，雖然容易被洪水沖斷，卻可以順流而下，再度長成新的植株。就好像溝酸醬纖細敏感的人格特質，不喜歡髒亂、噪音、異味與強光。溝酸醬花精可以讓我們勇敢面對世界上所有已知的恐懼事物，戰勝自己內心的畏縮與軟弱，成為一個慈悲的勇者。

人格特質發展的正向美德： 憐憫（Sympathy）

負向的行為和情緒表現： 恐懼（Fear）

Mimulus

one of the twelve healers

12

懦弱的膽小鬼　　小玉

　　小玉是個靦腆又害羞的小女孩，從小體弱多病又膽小，怕高、怕黑、怕水、怕吵、怕打針、怕地震、怕小動物、怕老師、怕警察、也怕上台表演。家人常常懷疑，該不會是因為外在環境壓力，導致身體狀況受影響？一堂游泳體驗課，因為怕水，回家後就感冒；爸媽吵架當晚，就氣喘不舒服；下週要參加話劇比賽，便扁桃腺發炎發燒。腸胃更是不好，只要遇到考試，就一定整個禮拜拉肚子。

　　小玉就像一株含羞草，從來不會主動發言，也不會干涉別人，沒什麼很大的企圖心，低著頭安安靜靜地坐在角落裡。大家都覺得她脾氣好，卻不知她是害怕與人交談。如果你大步地走向她，試圖找個話題聊聊，她就會緊張地不知道要看哪裡，手足無措、滿臉通紅。她如果鼓起勇氣想要跟你聊一下，可千萬別因為她聲若細蚊、結結巴巴，就說：「抱歉！我聽不清楚耶！可以請妳再重複一次嗎？」一聽對方這樣說，她肯定連忙

搖手說：「喔！沒什麼！沒什麼啦！當我沒說！」

　　有天班上小朋友帶了一隻可愛的天竺鼠跟大家分享，小玉卻躲得老遠，不敢靠近。同學邀她一起過來摸摸看，小玉馬上說：「不用不用！我想快一點把這本書看完，等一下拿去圖書館還。」講完轉過身，不敢多瞧一眼那隻可怕的小老鼠。心想：「大家怎麼都不會怕老鼠呢？它的鬍鬚動來動去、眼珠子咕嚕咕嚕轉、還有尖銳的爪子，聽說強強才被咬了一口，痛得哇哇大叫。大家都說它又小又可愛，我卻覺得它又大又可怕。」這個時候，小玉開始覺得喉嚨有點不舒服，吞嚥困難而且想咳嗽。（越想越害怕！鼠疫是應該是跟老鼠有關的病吧？！完蛋了！完蛋了！我一定是被傳染鼠疫了！）

　　小玉最怕看牙醫，才剛踏進診所還沒掛完號，就已經嚇得臉色發白、手腳冰冷！候診室裡擁擠的人群，總是令她感到胸悶頭暈，不敢拜託護士小姐降低空調溫度，也沒有拔腿就跑的勇氣，只能拚命忍耐，雙手抱胸憋住呼吸，就怕聞到別人的汗臭感到更噁心。

　　輪到她坐進診間，張開嘴巴洗牙時，一聽到機器發出的吱吱聲，瞬間神經緊繃、全身僵硬。這點小聲音，被她的恐懼感放大到像電鋸般的刺耳，醫生口中微微的痠痛感，在她的口腔裡卻變成電流般的疼痛，時間分秒過去，小玉覺得自己在診療椅上已經坐的久到不能再久了，竟然只洗完上排牙齒。過程中醫生很溫柔地詢問：「還可以嗎？如果不舒服，舉一下手讓我知

道！」但懦弱的小玉只是死命地捏住發抖的拳頭，動也不動地承受這種恐懼的折磨，更別提主動開口要求醫生打麻醉針了。

小玉的生活模式沒有太大的變動。她有自己喜歡的早餐清單（這樣就不會吃到不喜歡的食物）。有固定的放學路線（這樣就不容易遇到野狗跟陌生人）。喜歡穿某幾件暗色系的樸素上衣（這樣就不會引人注意）。對小玉來說，世界充滿不確定性與令人害怕的事物，她喜歡讓自己活在規律中，讓自己感到安全。

回到家裡，小玉跟媽媽說：「媽媽，我的腳好痛！下午扭到腳踝！痛到都不能走路了。」媽媽檢查了一下腳踝，外表看不出甚麼大礙，也沒有瘀青和紅腫的現象。詳細詢問了今天在扭傷腳踝的原因，才知道原來是因為老鼠不小心從籠子裡逃出來，在教室竄來竄去。全班一陣兵荒馬亂，才合力把老鼠抓回來，嚇得小玉花容失色落荒而逃，不慎扭到腳。

媽媽笑著問：「喔！原來是被老鼠嚇成這樣啊！現在腳踝感覺怎樣？」小玉苦著臉說：「媽媽別笑我了，我痛到不能走路，好怕自己的腳會斷掉。」果然不出媽媽所料，馬上拿了一條毛巾，浸入一盆滴了兩滴溝酸醬花精的冰水，擰乾後敷在扭傷的腳踝上，不到一分鐘，小玉忽然說：「媽媽，我想先去上廁所！等一下再繼續敷。」站起來走向洗手間，根本忘記剛剛自己才說過痛到不能走路。媽媽在心裡偷笑：這孩子，該不會又是因為在學校怕痛，不敢走去廁所，從放學前就拚命憋尿到現在吧？

巴赫醫師的話

　　對於具體事物的恐懼：疾病、疼痛、意外、貧窮、黑暗、獨處、不幸等，針對日常生活中的種種恐懼。溝酸醬特質的人相當安靜，並且會默默地承擔憂慮，不會隨意將他們的恐懼告訴別人。

Note
to
Self

芥末

一百年前芥末被視為令人頭痛的雜草，因為冬眠的種子
一旦被農夫從深深的土壤裡挖出來，就會迅速成長，霸
占整片農地。這種情形就好像被烏雲遮蔽了陽光，讓大
地壟罩在陰霾裡，直到烏雲飄開了，萬物才又重見光明。
黃色的芥末花可以幫助我們驅離這種或短或長莫名的憂
鬱心情，重新燃起對生命的熱情。

Mustard

19
one of the second nineteen

芥末 Mustard | 165

沒有原因的憂鬱　陽陽

　　連續下了好幾天的雨，除濕機轟隆隆地開個不停。放學回家的陽陽，面無表情一點笑容也沒有！媽媽喊他先去寫功課，陽陽無力的「喔～」了一聲卻懶得動。媽媽說：「不然先去洗個澡？」沙發上的陽陽咕噥地說：「好啦，等一下！」拿著遙控器，不停地切換幾個兒童頻道，一副死氣沉沉的樣子。

　　媽媽看他這副樣子，走過來關心地問：「你今天在學校不開心嗎？跟同學吵架還是考不好？」

　　陽陽：「沒有啊！今天沒考試，也沒有跟同學吵架，下課因為外面下雨，我們只能在走廊玩，不然就是在教室看書。」

　　媽媽又問：「那今天功課多不多？」

　　陽陽說：「才剛考完期中考，沒什麼功課，只要請家長在考卷簽名就可以了。好無聊喔，都不知道要幹麻，而且我覺得什麼事都不想做，也越來越討厭念小學，每天都要寫功課。」

　　媽媽在心裡偷笑，這個多愁善感的個性，鐵定是遺傳到我，

連續幾天陰雨綿綿，我也早就憂鬱起來了。這個每節下課都衝到操場跑跑跳跳的小男生，應該更憂鬱吧！不過給花精前，還是做個簡單的情緒辨證，別太早下定論。

媽媽：「陽陽，你現在的心情怎樣啊？」

陽陽：「很煩啊！」

媽媽：「你覺得很煩有多久了？」

陽陽：「嗯～放學回家的時候才開始覺得煩！喔！早上也煩過一下下，下課同學去圖書館借書，又好了。」

媽媽：「你的意思是那種很煩的感覺，一下出現，一下又消失對嗎？就像萬里無雲的晴空，忽然飄來一片烏雲，遮住陽光，讓天地瞬間灰暗，等烏雲被風吹開，天空又瞬間亮起來？」

陽陽：「對對對！就是這樣！本來好好的，忽然不知道什麼原因造成心情不好，有點沮喪、有點憂鬱、還會有點難過，沒來由想哭。」

媽媽：「OK！我知道是什麼原因了！這裡有瓶芥末花精，它是花精裡的陽光喔！有人覺得喝芥末花精就像把瓶子裡的陽光喝進心裡，它可以幫助你變開心，揮別心中的烏雲，讓我們就像沐浴在燦爛的陽光下，舒服又自在，而且比較容易看到事情美好的一面。你要不要試試看？」

母子倆喝了芥末花精，決定先去書局看書，再跟爸爸約在百貨公司美食街晚餐。聊著聊著，不知不覺，母子倆都找到心中的陽光了！

巴赫醫師的話

　　這些人很容易處在憂鬱的陰影之下，甚至感到絕望，彷彿生命被烏雲壟罩著，遮住了陽光和烏雲的喜悅，但找不出可能的原因解釋這個現象。在這種心境之下，他們不可能展現快樂或有活力的樣子。

Note to Self

橡樹

橡樹好比森林裡的土地公，樹蔭可以讓小動物遮風避雨，橡實、樹葉可以餵養松鼠與不同季節的毛毛蟲，樹洞還可以提供鳥類築巢過冬。這種特質就好像現實生活中的萬能超人，一肩扛下所有的責任，鞠躬盡瘁，死而後已。橡樹花精可以幫助我們認清體力的極限，放下錯誤的責任感，適度的授權，讓自己好好的休息喘口氣。

Oak

one of the seven helpers

7

認真魔人　橡樹

　　康康一直是個很認真又可靠的小孩，認真到甚至連玩遊戲都沒有辦法放輕鬆（如果他允許自己玩的話！）康康從來不請假，每學期都拿全勤獎。他是班上的服務股長、課後還參加足球隊、童子軍、環保小義工。看他每天忙得團團轉，卻從來沒有聽他抱怨過累、想休息一下、覺得自己不行、沒有辦法幫忙、有事不能參加⋯⋯這類的話。他是大家公認最可以信賴的人！他樂在其中這萬能超人的頭銜，從不抱怨，還時時刻刻不停地將周遭朋友交託的事，繼續攬在自己身上。

　　老師問：「誰要幫忙布置教室？」康康舉手。

　　爸爸說：「誰可以幫我去樓下拿包裹？康康：「我去！」

　　同學問：「可以幫我拿外送便當嗎？」康康說好。

　　媽媽：「週末可不可以幫我洗窗戶？」康康：「沒問題！」

　　妹妹：「哥哥幫我組裝玩具！」康康：「馬上來。」

　　姐姐：「康康，陪我打羽毛球。」康康：「等我十分鐘！」

奶奶：「康康，可不可以幫奶奶挑菜？」康康：「ＯＫ！」

爺爺：「康康，幫爺爺寄傳真？」康康：「簡單！」

媽媽常常說，屬牛的康康，真的很像一頭牛，步調緩慢踏實生活。康康不太喜歡改變，因此，在大人與同學的眼中，他有點無趣、也很無聊。他沒有什麼創意，也不是一個積極主動的人，可是卻具有絕佳的持久力與抗壓性！別人想出來的點子，只要交付到他手上，他一定埋頭苦幹、使命必達、永不放棄！不管遇到什麼困難與阻礙，他還是會頑強的想辦法，在強大的壓力下不屈不撓努力奮鬥。

康康晚上常常跑到爸媽房間說自己睡不著、睡不好、睡到一半全身動彈不得、頭腦卻很清醒！爸爸帶著康康去醫院掛神經內科、外婆帶他到廟裡收驚拜拜、奶奶建議請老師來家裡看風水，可惜上述的努力都沒有辦法改善康康的睡眠品質。媽媽不得不懷疑，這該不會是康康不願意休息的個性造成的狀況吧？

康康還有個很不好的習慣：憋尿！原本以為他會認地方，不喜歡在外面上廁所，可能是有潔癖怕髒、怕臭。卻發現他在家裡也會憋到忍無可忍才衝進廁所，偶爾還會尿溼褲子！不管是寫功課、看書、畫畫、玩玩具或看電視，康康都是全心全意專注在所做的事情上，無法停下手邊的工作喝喝水、稍作休息。

媽媽擔心的事情終於發生了！週末晚上兩點，康康又來敲爸媽的房門，一臉痛苦地說剛剛睡著做了一個夢，夢到自己還

在拼拼圖，怎樣都找不到需要的那一片，無法把拼圖完成。忽然之間，自己就渾身不能動，可是眼睛還可以看到房間裡的景物以及書桌上的拼圖。想求救也叫不出聲，使盡吃奶的力氣動了一根小指頭，才完全清醒過來。鬆了一口氣，結果發現上廁所的時候有強烈的灼熱感，一直有尿意卻尿不出來。右肩痠痛、僵硬到無法轉頭。帶康康到醫院掛急診拿了消炎藥回家，原來是膀胱發炎。醫生提醒康康多喝水，多休息，不可以再憋尿，否則以後腎臟容易出問題。

在急診室折騰了整個晚上，到家已經是週一早上五點半，媽媽請康康進房間好好睡一覺，康康卻說：「我完全好了！什麼事都沒有！我現在願意喝很多水，吃點早餐，利用時間繼續把拼圖拼完，七點半準時出門上學嗎？」媽媽猶豫了一下，搖搖頭說：「不可以！今天我要幫你向學校請假，讓你好好地留在家裡，乖乖吃藥、喝水、休息、上廁所。」康康的肩膀整個垮下來，沮喪地哭著說：「怎麼可以這樣？我不能請假啦！我有很多事要做耶！今天童軍要討論表演活動，還要幫老師做海報，體育課還要到體育器材室借球，我不去學校，大家怎麼辦？而且就算你要我在家休息，我肩膀酸痛躺在床上也睡不著，一定會不停的想著那些沒做的事，反而更痛苦。」平時的理智又穩重踏實的態度消失無蹤，對於自己沒有辦法履行責任與義務感到沮喪。

媽媽看他這樣無理取鬧，再多說什麼康康也聽不進去。轉

身打開裝滿花精的木盒，取出橡樹花精說：「啊！康康，昨晚你不是說左邊肩膀落枕又痛又僵硬，沒有辦法轉頭嗎？現在狀況如何，有沒有好一點啊？」康康說：「完全沒有，還是痛得要命！」媽媽說：「那我趁現在，幫你敷貼一塊橡樹花精棉片在僵硬的地方試試看，好嗎？」。康康點點頭，趴在床上讓媽媽濕敷，等著等著……眼皮漸漸沉重，進入又深又沉的夢鄉！

橡樹花精可以讓人放下錯誤的責任感，領悟到自身體能其實是有極限的。使用橡樹花精，可以幫助我們懂得找機會稍微喘口氣，不要把自己逼得太緊，再開始下一個階段的工作。對失眠也很有幫助，有效減少頭腦對於工作的掛念。服用橡樹花精並不會讓人變成一個懶人或是沒有責任感的人！而是成為一個有責任感又懂得休息的人。（這點補充很重要，少了這一句，橡樹打死都不喝！哈哈～）

 巴赫醫師的話

　　這些人會堅強地努力奮鬥以恢復健康，對於日常生活事物也會全力以赴。即使看似無望，但他們仍然一次又一次努力嘗試。他們會一直努力下去，如果疾病阻礙了他們協助他人的本分，便會因此感到不快樂。他們是勇者，對抗艱難，卻從來不因此而放棄希望和努力。

橄欖

鼎鼎有名的橄欖，常出現在神話故事或傳說裡，代表著死亡與重生。生長在乾燥環境裡的橄欖可以將陽光的能量轉化為豐碩的果實，供應人類生活所需。橄欖花精有重開機的效果，為身心俱疲再也擠不出一點力氣而當機的身體，啟動自我療癒系統，補充體力，精神百倍、活力旺盛地重新出發。

Olive

one of the seven helpers

7

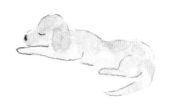

全身無力　成成

　　成成最期待回家開門的剎那，家裡的小狗旺旺總是有心電感應，早早等在門後，拚命搖著尾巴，熱情地從門縫裡擠出來，又撲又跳的巴著成成不放。

　　媽媽說旺旺很老了，雖然牠只有十五歲，可是換算成人類的年齡，已經是七十幾歲的老公公囉！難怪牠越來越難跳上沙發，也常常接不到飛盤，跑幾步就會喘吁吁地坐下來休息。從成成是小嬰兒開始，旺旺就老是守護一旁。不管成成走到哪裡，做什麼事，旺旺都像保鑣似的跟進跟出。趴在旁邊看成成玩玩具、陪成成寫完功課、跳上沙發陪成成看電視，甚至跳上成成的床，頭靠著頭，和成成相依偎著翻肚呼呼大睡。只要有人敢突然衝進成成的房間，旺旺絕對在第一時間跳起來齜牙裂嘴，站在床上發出嗚嗚的警告聲。走在路上更是誇張，曾經有認識的鄰居，無預警地伸出手來大力搓了成成的頭，稱讚成成最近長高了不少，旺旺竟然站起來想把對方撲倒，一副想替主人出

氣的樣子，把鄰居嚇得落荒而逃，邊跑邊回頭要大家幫旺旺戴上口罩，弄得大家又好氣又好笑。

成成常說旺旺是他最好的朋友！

可是，旺旺上個禮拜因為心肌衰竭，突然過世了！

那天成成放學回家，滿臉疑惑地問媽媽：「旺旺咧？看媽媽紅腫的雙眼，成成突然有不祥的預感，想到媽媽最近不只一次跟他聊到旺旺是老公公這件事，抓著媽媽的衣角，追問著：「旺旺去寵物美容店洗澡嗎？我們現在趕快去接牠！是旺旺又生病了嗎？是不是留在獸醫師那邊檢查？現在帶我去醫院看旺旺好不好？」

媽媽搖搖頭地說：「成成，旺旺的身體已經很老了，牠的心臟也很老了，沒有力氣跳動，所以旺旺吃不下東西、沒有辦法走路、也沒有力氣跟你玩！因為旺旺太累了，所以旺旺今天早上決定好好地睡一覺，然後牠就沒有醒過來了！」

其實成成早就知道旺旺總有一天會離開他，可是他打從心底認為那一天會是很久以後，慢慢放開媽媽的衣角，成成垂頭喪氣地走回自己的房間。無力地放下書包，「碰！」的一聲，大字一攤躺在床上，成成忽然覺得自己跟旺旺一樣老，也跟旺旺一樣累，制服沒換、襪子沒脫，不想吃，不想動，什麼事也不想做！

從那天開始，成成就是一副沒睡飽的樣子，眼皮下垂、臉色蒼白、駝背、無精打采的上學、回家！老師在課堂上問成成：

「成成，你睡著了嗎，怎麼眼睛看起來好像沒有張開？最近很累嗎？還是晚上都熬夜太晚睡覺？」同學下課問成成：「你還好嗎？是不是身體不舒服？」回家爸爸問成成：「你最近怎麼每天一回家就躺在床上發呆？」成成的回答一律都是無精打采的「嗯」了一聲，繼續面無表情地看著天花板。

今天晚上，成成跟媽媽說他的肩膀很痛，不知道是不是落枕，痛到沒有辦法舉高！

媽媽用手摸了摸兩邊肩膀的差異，發現僵硬處在右邊，加上觀察發現成成雖然雙肩無力下垂，卻有聳肩的現象，感覺像是為了抵抗地心引力，而努力的撐住的姿態。於是為成成選擇「橄欖」花精敷貼在左邊肩膀。

一貼上花精，成成瞬間感覺到肩頸處的放鬆，覺得很不可思議，還發現脖子上濕濕的棉片，好像源源不絕的朝身體裡打進精神與力氣。成成莫名地感覺鼻頭發酸，心裡越來越痛，眼底快速地聚集著淚珠，止不住的淚水決堤而出。成成撲向媽媽的懷裡，嚎啕大哭說：「我不要旺旺死掉！我不要旺旺死掉！牠其實沒有死對不對？旺旺只是去獸醫那邊住很久，不然就是牠亂跑走丟了，我們快一點去把牠找回來好不好？我不要旺旺死掉！我不要旺旺死掉……」媽媽含著眼淚沒有說話，讓成成盡情宣洩內心的痛苦。雖然成成現在看似混亂、崩潰而歇斯底里，但她知道，成成總算開始踏上療傷的路！

她記得當初學習花精的時候，老師就有提過「橄欖」是一

個很重要的協助者花精，專門處裡身心俱疲的生理狀況。不一定只有工作過度才會發生，太過哀慟或久病不癒都會產生這種過度疲憊的現象。長期體力的消耗或突發的意外事件，也都有可能導致體力全面性透支。唯有先使用「橄欖」花精補氣，協助患者重建的體力，才能開始進行其他的療癒。因為當一個人處於能量耗竭的狀態，是哭不出來，也沒有餘力去處理情感創傷，當然也無法啟動自我療癒系統！

處於橄欖狀態的人，會有一種深度的疲憊感，需要很長時間的睡眠，卻無法恢復體力，即使像刷牙、吃飯甚至上廁所這些日常生活的小事，都沒有力氣完成。使用橄欖花精，可以在數分鐘之內，漸漸回復力氣起身行動。持續使用一段時間，也能慢慢回復過往長期耗竭的元氣。

 巴赫醫師的話

這些人承受許多生理與心理上的壓力，以致於能量耗盡而感到疲倦和倦怠，並且覺得自己已經沒有多餘的力氣去做任何努力。每天的生活對他們來說就像是沉重的負擔，因而失去了生活的樂趣。

松樹

松樹常常獨自長在空曠的土地上，默默地酸化周圍的土壤。就好像松樹的人，老是不經意地散發出哀怨、悲情的宿命思想，讓周圍的人保持距離，避免受到影響。松樹花精可以改善自我否定、自我厭惡的罪惡感，與活該受虐的心態。讓我們開始悅納自己，相信自己值得享受生命中的美好。

Pine

討厭自己　　佳佳

　　佳佳是家中的長女，下面有兩個妹妹，聰明懂事，品學兼優。爸爸白手起家，貿易公司的生意蒸蒸日上，媽媽大部分的時間都在公司幫忙。佳佳很小就負起照顧妹妹的責任。

　　小小年紀的佳佳，會的事情很多！洗米煮飯、泡牛奶水煮蛋、洗衣拖地板、垃圾分類、資源回收，樣樣難不倒她。可圈可點的表現，令親友長輩們讚不絕口。奇怪的是，看在父母眼裡，這個小孩就是不太討人喜歡！

　　跟大妹妹比起來，佳佳沒什麼想法，不會勇於敢發表自己的意見。跟小妹妹比起來，佳佳缺少天真的笑容與撒嬌的憨態。她常覺得大妹很自私，卻偷偷羨慕她可以做自己想做的事。她也覺得小妹很過分，每次都靠撒嬌這招得到想要的東西。佳佳不知道該如何在父母面前表現自己，常常覺得如果自己是男生，可能會讓父母更引以為傲！

　　懂事以來，常常聽到別人問爸媽：「怎麼沒有生兒子？以

後公司怎麼辦？」聽到爸媽開玩笑地說：「命不好生不出來，做到老了公司只好收起來。」佳佳聽到這種話，就覺得好難過，認為這一切都是自己的性別問題，如果自己是個男生，那該有多好。就算沒當選模範生，沒拿許多獎狀，也能正正當當享受父母的寵愛！

面對掌聲與讚美，佳佳總是無法欣然接受，覺得自己還有很多地方不夠好，也有許多缺點大家不知道。只要面對少許的批評指教，伴隨而來強烈的自我譴責，讓佳佳感到悲觀、心情低落。唯一可以減輕罪惡感的方法，就是找機會處罰自己！不配吃美味的點心、不配要求買新外套，就算在學校沒有犯錯，也自願當同學的代罪羔羊！整天沉著一張臉，怎麼樣也快樂不起來。

直到有一天，佳佳在週末功課的小短文裡寫下：「為什麼我要活著？死掉好像也很好。」這種悲觀的文字，驚動了父母與老師。輔導室初步了解佳佳的狀況後，安排了幾次親師會談卻成效不彰，決定轉介他們試試英國巴赫花精的情緒諮詢。

花精諮詢師請家長在諮詢室外等候，單獨和佳佳面談後，排除家庭壓力與受虐等可能因素。再邀請媽媽進入房間，希望媽媽可以試著回憶一下，當初懷佳佳的心情與狀況。媽媽慚愧地看著佳佳一眼，深深吸了一口氣說：「唉！當初我其實是沒有打算那麼早生小孩的！因為家裡的公司剛起步，

我事業心重，一心想先打拚幾年，再考慮懷孕。當時剛知道意外懷孕時心情差得不得了，慎重考慮找婦產科醫生進行人工流產。身為獨子的先生和公婆，卻高興得不得了，一心希望我辭職回家待產，不要挺著肚子拚事業。我覺得都是因為肚子裡的小孩，摧毀我人生的夢想與藍圖，害我成為沒有經濟能力，只能向人伸手要錢的黃臉婆。更慘的是，懷孕第四個月，發現懷的是女兒，看到婆婆垮下來的臉，心情也瞬間降到冰點。所以整個孕期，都在這樣厭惡又自怨自艾的心情下度過。不過，當佳佳一出生，全家人看到她可愛的長相，加上好吃、好睡、好照顧的個性，大家就漸漸愛上這個小女孩了！」

媽媽講述的過程中，佳佳早已淚流滿面，聽到這裡更是嚎啕大哭！她這輩子第一次放任自己宣洩情緒，這種自我厭惡的感覺，巨大到幾乎把她擊倒。她哭，媽媽也哭！媽媽越說對不起，佳佳哭得越大聲，被媽媽摟在懷裡，第一次覺得好委屈，好委屈。

佳佳終於知道，自己的性別沒有錯，領悟到根本不需要因此接受懲罰！小口啜飲杯子裡的松樹花精，佳佳不敢置信自己竟然開始覺得放鬆，有種飄飄然的幸福感。一向抿住的嘴角，終於與禁錮已久的心一同舒展開來，隨著哭泣聲漸漸停止，佳佳內心深處那顆悅納自己的種子也終於冒出嫩綠的新芽。

不一定每個人都跟佳佳有相同的原因，但是每個人都會有討厭自己的時候。當你發現一直嫌棄自己，感覺自己很糟糕，被這種自責、沮喪的壞心情淹沒時，就喝一點松樹花精吧！它會提醒你，先多愛自己一點，再來檢討自己的錯！

 巴赫醫師的話

　　這些人不斷的自責，即使成功了，他們仍然認為自己應該要做得更好，永遠不滿意所努力的成果。他們辛勤工作，但卻苦於加諸於自己身上的過錯。有時候即使錯誤是別人造成的，他們仍聲稱自己應該負起責任。

紅栗花

人工培植而成的紅栗花無法獨立成長，象徵著紅栗花脆弱的感情狀態，以及與親友間不健康的依賴關係。他們總是將心思放在擔憂親人的安危上，對自己反而沒有太大的煩惱。紅栗花精可以協助我們放下對親人安危的恐懼，將不好的預感轉化為衷心的祝福，讓掛念的心自由，好好地過生活。

Red Chestnut

媽媽怎麼還不來　　依依

　　「老師！妹妹跌倒了！」依依慌張地衝到老師面前，哭哭啼啼地請老師檢查妹妹的傷勢。說：「老師！我妹妹剛剛在教室跑撞到桌角。你看！她的額頭流血了，要趕快擦藥！」老師簡單的處理傷口後，摸著依依的頭說：「依依！妹妹怎麼比妳還勇敢啊？看妳哭成這個樣子，如果不說，老師還以為跌倒的是妳呢！老師已經幫妹妹清理好傷口，先冰敷腫起來的地方，等一下打電話通知媽媽，妳們跟老師一起到辦公室等，好嗎？」

　　雖然老師說妹妹的傷不要緊，但依依還是想趕快告訴媽媽這件事，請媽媽帶妹妹去看醫生。依依坐在辦公室裡，焦慮地望著時鐘，頻頻問老師媽媽怎麼還沒來？明知道媽媽公司比較遠，常常都是最後一個來幼稚園接她跟妹妹。爸爸剛好出差不在家，心想媽媽是否在路上遇到事故，才比平常晚了十分鐘？是車子故障嗎？還是事情做不完？是在停車場遇到壞人嗎？還是遇到車禍卡在半路上？腦中不停地想像媽媽可能遇到某些不

幸，彷彿事情已經發生，越想越覺得害怕。

　　一顆心掛念媽媽，七上八下，又看到妹妹丟下冰敷袋跑到球池玩，趕緊追上前，拉著妹妹回辦公室冰敷。老成地叨念著：「妳知道如果沒有乖乖坐著冰敷，傷口會裂開一直流血嗎？妳知道一直流血會死掉嗎？妳剛剛撞到頭耶！媽媽說過撞到頭會變笨，還有可能會腦震盪耶！妳不擔心，我都快要嚇死了！」

　　一看到媽媽趕到學校，依依大聲說：「媽媽！妳怎麼那麼慢才來？害我擔心死了！妹妹受傷很嚴重，要趕快帶她去看醫生。每次都那麼慢才來接我們，難道不能早一點嗎？我真的很擔心耶！」積壓在心裡的情緒一股腦兒的爆發，淚水也像洩洪般傾瀉而出。媽媽和老師，面面相覷不知道依依今天哪根筋不對，大驚小怪？今天只不過比平常晚了十五分鐘，妹妹的額頭也只是個無傷大雅的小擦傷，有必要反應這麼激烈嗎？

　　老師說：「依依這學期不知怎麼，午睡時間都不願意閉上眼睛休息。排隊上廁所時間也常常脫隊，跑到妹妹教室外面東張西望，甚至將同學的玩具，偷偷塞進自己的書包裡，吵著說不想參加課後才藝班，寧願待在教室裡等人來接。」媽媽聽了老師的一番話，既驚訝又不敢相信，自從升上大班後，乖巧的女兒就像變了一個人，對長輩沒禮貌，偷同學東西，不遵守學校規矩，還失去了以往旺盛的求知慾。

　　爸爸在越洋電話中知道依依最近的狀況，請媽媽先按兵不動，等自己周末返家後，再找時間跟依依聊一聊。果然，依依

在爸爸一番旁敲側擊下，將自己的心事娓娓道出，讓大人啼笑皆非。原來中午不睡覺，是因為擔心妹妹在幼幼班教室裡睡不好。不上才藝課、偷拿同學的玩具，都是因為有次媽媽隨口抱怨賺錢很辛苦，幼稚園的學費很貴，賺來的錢不夠買玩具。依依騙老師說自己不喜歡上才藝課，也不敢像以前一樣任性地吵著買自己想要的玩具，都是想減輕父母的經濟負擔。

　　媽媽將依依的情況，憂心忡忡地告訴一同外出用餐的同事們。大家都說現在小孩真的都很早熟，如果沒有問清楚，聽了老師的話回家劈頭就罵，孩子不知道有多委屈！媽媽說：「隨口一句抱怨的話，竟然對她產生這麼大的影響，其實我們並沒有這麼拮据，當初這麼說，也是希望她可以更珍惜我們所提供的環境與自己擁有的一切，沒想到她擔心成這個樣子，還衍生種種的負面行為，真不知道該怎麼辦才好？」

　　其中一位同事說：「我對最近剛結束英國巴赫花精的課程，如果妳願意，我明天可以給妳一瓶紅栗花帶回去讓依依試用看看，說不定對她有幫助！依依應該是處於紅栗花的負面狀態，為家人安全過度擔憂，對自己反而沒有太多煩惱。因為這種擔憂親人發生不幸的恐懼，被想像放大後造成情緒緊繃也扭曲原有個性。其實這都是鏡子般投射作用，她希望父母也投注相同關愛在自己身上，卻用這種擔憂方式表達想和親人緊密連結在一起的渴望。依依還小，不知道這麼一來，不只對家人造成困擾，也會讓自己的心情受到影響。就像肚臍上有條隱形的臍帶，

緊緊束縛著親子雙方的自由，害彼此沒有空間喘氣，感到窘迫窒息。紅栗花精可以切斷彼此『過度掛念』的臍帶，讓個體自由發展，相互依靠又不至於過度依賴，維繫健全的親子關係。」

 巴赫醫師的話

這些人發現自己很難不為他人感到憂慮。他們經常忘卻自身的煩惱，反而過度擔心所愛的人，常預想不幸的事情即將發生在親友身上。

岩玫瑰

只綻放一天便凋謝的岩玫瑰，花朵遇到陰雨天便皺縮下垂，彷彿死亡般毫無生氣。像金色硬幣般的花朵，卻可以在陽光普照的日子裡，閃閃發光充滿生氣。她就好像暴風夜裡的燈塔，帶領人們由驚滔駭浪中，克服生死關頭的恐懼，航向安全的避風港。

人格特質發展的正向美德：勇氣（Courage）
負向的行為和情緒表現： 驚懼（Terror）

Rock Rose

one of the twelve healers

12

夢魘　琪琪

　　琪琪從小最怕聽童話故事，舉凡吞下外婆的大野狼、邪惡的壞巫婆、沉入海裡變成泡泡的小美人魚、住著可怕婆婆的糖果屋、找不到路回家的黑森林、吃小孩手指頭的虎姑婆、目蓮救母、西遊記裡各式各樣的妖怪與危險的時刻，甚至連大人嚇小孩那種「會被壞人抓走喔！」的小手段，琪琪聽了也會噩夢連連！

　　琪琪的睡眠品質從小就不好，睡醒比沒睡還要累！她天天晚上都會做夢，好夢、怪夢、噩夢、過去的夢、未來的夢、以及一些重複的夢。當她從那些天真活潑的同學口中得知，大部分的人幾乎每天倒頭就睡，一覺到天亮，就算做了夢起床也會忘光光，簡直羨慕得半死。

　　夢境裡的她時常都在逃命，無數次的高空墜落、水中滅頂、在陡峭的樓梯拚命往上爬、猛獸襲擊、壞人追趕，生死一瞬間……常常都是在哀號聲中倏地驚醒。醒來的瞬間，幾乎處於極

端恐懼的狀態，發抖、顫慄、呼吸急促、心跳加速、冷汗直流，整個人動也不能動地處於極度驚恐的氛圍中。

日復一日，睡著之後的折磨與歷練，讓琪琪從小就比同齡的小孩成熟與憂鬱。她不明白自己為什麼那麼容易作夢。可能是因為夢境的關係，日常生活中，琪琪也隨時充滿危機意識。等紅綠燈的時候，會刻意後退三步，擔心車子轉彎速過快，失控衝進人行道；搭電梯的時候，會默默靠向牆壁，祈禱電梯不要突然掉下去；看電影或搭飛機的時候，會很認真地記下逃生路線；因為怕停電，枕頭邊會放一支手電筒；遊樂園裡的雲霄飛車、自由落體跟摩天輪，琪琪通通不敢坐，因為她不敢想像萬一出了意外，自己是否會有生命危險？而且就算已經很會游泳，琪琪只敢在游泳池裡游，因為深不見底的海裡，有太多危險的生物，以及洶湧的暗潮。

某次身處水族館的海底隧道中，水洩不通的擠了好多人，隊伍走走停停，遊客紛紛抬頭讚嘆上方五顏六色的魚群，只有琪琪不時伸長脖子，皺著眉毛等待人群向前移動，更是猛盯著頭上的強化玻璃，擔心著如果剛好有地震呢？如果玻璃裂開呢？不敢想像玻璃如果破掉，整條隧道瞬間灌滿了水，自己該怎麼脫身呢？越想越覺得自己有種溺水般的窒息感，大口吸著氣，拉著媽媽拚命往前擠，想要趕快逃離這個進退兩難的處境，只有回到地面上，這種越來越強烈的恐慌感，才會漸漸解除！

琪琪常常吵著家裡的零食不夠，颱風來臨前更要媽媽多買

一些水餃、罐頭、泡麵跟肉鬆。只要看到冰箱裡的牛奶快要見底，就會焦慮地自告奮勇去超商補貨，經過麵包店還會順便抓兩條吐司回家。琪琪很喜歡買文具，超大筆袋裡有三隻自動筆，兩顆橡皮擦，四色螢光筆，兩支尺，兩盒筆芯，六隻不同顏色的油性筆，還拉拉雜雜塞了便條紙，口紅膠，刀片跟迴紋針。雖然每天上學不一定用到那麼多東西，媽媽也常常苦口婆心地要她少帶一點，但琪琪就是覺得有備無患、未雨綢繆、隨時為突然發生的緊急狀況做好萬全的準備，才有安全感。

最近陸續遇到地震、停電、琪琪事後產生了輕重不等的恐慌症，晚上的睡眠品質更加惡化，於是媽媽決定帶她尋求花精諮商師的協助。諮商師跟媽媽說，琪琪是很典型的岩玫瑰人格類型。岩玫瑰的恐懼，常常儲存在潛意識中，不像白楊莫名的恐懼，或是溝酸醬已知的恐懼。這些恐懼可能來自於難產、剖腹、臍帶繞頸、緊急生產等急救的過程，甚至追溯到人類 DNA 裡，那個活在曠野中與猛獸征戰的古老歲月。

她建議琪琪可以拿起畫筆開始畫畫，床頭櫃放著紙筆，只要因為惡夢驚醒，就把夢境裡的情節畫下來。並且學會大聲地尖叫，用枕頭或棉被搗著嘴，將內心那種極端的恐懼釋放出來。持續服用岩玫瑰這種人格類型花精，這些方法加起來，應該會對恐慌有所幫助。

自從嘗試著諮商師建議的方法後，琪琪瘋狂地愛上畫畫。大人都說她很有創造力，可以天馬行空地畫出一些超現實的作

品。可是只有琪琪知道，鮮豔的色彩、誇張的場景、栩栩如生的角色與姿態，都來自她的夢裡。剛使用花精的那段日子，她的夢更多、更可怕，她不懂為什麼自己的夢境裡會有這麼多故事情節，只要將夢境畫出來，就好像把資訊從大腦裡下載到圖畫紙上，讓她如釋重負。一段時間後，作夢的頻率減少，也漸漸不再做惡夢了。

 巴赫醫師的話

岩玫瑰是急救花精的成分之一，在看似毫無希望的情況下，仍然可以帶來一線生機。當發生意外、突然生病、病人處於相當害怕或驚恐的狀況，或發生的情境嚴重到讓周遭的人感到恐懼時，都適合使用岩玫瑰花精。假如病患神智不清，可以將岩玫瑰花精沾濕唇部，也能視情況配合其他花精使用，例如：當陷入重度昏迷和嗜睡的無意識狀態時，可以併用鐵線蓮；內心遭受苦惱折磨的人，可以併用龍芽草。

岩水

岩水就是自然無汙染的山泉水，順流而下、隨遇而安，攜帶著「無為而治」的訊息。滴水可以穿石，說明了水的穿透力。岩水可以幫助最頑固的人放下身段，讓墨守成規的人接受例外，讓生活多點彈性，享受一下因意外而發現的驚喜。

Rock Water

one of the seven helpers

7

模範生　　睿睿

　　睿睿揹著書包，目不斜視地走在回家的路上。沿路有冷氣強烈放送的便利超商，香味四溢的麵包店，書局門口的遊戲機台，這些充滿誘惑的據點，都無法吸引睿睿的注意力。他皺著眉頭、抿著嘴、看了一下手錶，告訴自己一定要準時在四點半到家，才能在五點就定位，開始寫今天的回家功課。

　　睿睿自律甚嚴，每天早上六點半鬧鐘一響就起床，刷牙洗臉後，自己烤兩片白吐司塗上奶油跟花生醬，搭配一杯鮮奶，準時在七點踏出家門。因為天天第一個到校，所以老師在他的書包側邊綁了一支教室的鑰匙，睿睿很自豪自己總是不負所託，風雨無阻的準時幫大家打開教室的大門。

　　睿睿的頭髮總是梳得整整齊齊，指甲永遠又白又乾淨，衣服鞋襪沒有一絲髒汙，口袋裡一定隨身攜帶手帕衛生紙，從來不會犯規，也不容許自己犯錯。他不喜歡自己表現差，讓別人看到脆弱無能的一面，大小的考試都要一百分，竭盡所能地追

求完美。他希望自己是個實至名歸的模範生，與其批評指正他人的缺點，睿睿寧願用以身作則的方式，樹立優良的典範，讓大家見賢思齊。

親朋好友都說睿睿媽媽教導有方，羨慕她有個這麼優秀的兒子。媽媽總是苦笑著點點頭，不好意思再發表什麼意見，怕大家覺得自己身在福中不知福，得了便宜還賣乖。別的孩子，還在天真找媽媽撒嬌討抱，睿睿就一副嚴肅的樣子，皺著眉頭拒喝涼掉的牛奶。別的孩子，任性抱怨早餐一成不變的時候，睿睿卻無法接受吐司麵包偶爾換成小饅頭。別的孩子，一放學便黏著媽媽絮絮叨叨地分享學校發生的瑣事，睿睿一回家卻面無表情地把自己關進房間埋頭苦讀。所有小孩為之瘋狂地的卡通、電動，睿睿都無動於衷。只有星期六的下午，會牽著腳踏車，滿頭大汗地騎上兩個小時。因為睿睿的沉默寡言，媽媽只好猜想，騎車就是他心中認定的娛樂與舒壓管道了！

這個周末發生了一件事，讓媽媽開始正視睿睿近乎自虐的生活模式。爺爺拿了一堆糖果、餅乾請小朋友吃，開了家庭號的可樂請大家喝。所有人為零食搶破頭時，睿睿只是冷眼旁觀，搖搖頭說自己不吃零食，也不喝碳酸飲料，因為垃圾食物裡有許多化學添加物、色素、香料，還有代謝不掉的反式脂肪。爺爺說偶爾吃一點零食沒有關係，塞給睿睿「相對健康」的芒果乾和兩顆榛果巧克力，說他只要喝幾口可樂就可以去玩！不願頂撞長輩的睿睿，勉為其難吃了爺爺遞過來的東西，卻在爺爺

203

離開後，把自己關進廁所，許久都不出來。

　　媽媽在門外聽到嘔吐的聲音，擔心的守在廁所門口，不知道睿睿發生什麼事，見睿睿狼狽地走出來，面紅耳赤、雙眼泛著淚光，右手中指關節處又紅又腫，不停的咳嗽清喉嚨。趕緊上前詢問是不是噎到了需要幫忙，睿睿說：「我想把剛剛吃下去的東西全部吐出來！因為我不要像那些一天到晚吃垃圾食物的小孩一樣，變成小胖子！」

　　媽媽搖搖頭，不敢置信這個小孩怎麼對自己設立如此嚴格的標準，缺乏彈性，沒有任何轉圜餘地。拉著睿睿的手，走到爸爸以前的房間，從櫃子裡的花精盒拿出岩水精華液，請睿睿握著岩水瓶輕放在胃部，閉上眼睛感覺一下是否還有剛才那種想要把肚子裡的零食吐出來的感覺。

　　一兩分鐘過後，睿睿睜開眼睛，驚訝地說：「媽媽！我不會想吐了，而且還覺得有一點餓耶！」媽媽笑著說：「哈哈！我早就從你放鬆的臉部表情看出來啦！不如我們今天瘋狂一下，把岩水精華液滴進你平常不喝的可樂裡喝幾口好嗎？」睿睿猶豫了幾秒鐘，點頭答應！

　　媽媽摟著睿睿說：「你知道天底下最柔軟的東西是什麼嗎？就是水！它可以穿透最微小的縫隙，切割最堅硬的物體。它可以適應不同形狀的容器，在不同的溫度下改變自己的形體。它是上天賜予人類最大的祝福，包圍著地球，承載著其他三十七種花精的訊息。因為水攜帶著『無為』的訊息，用最溫柔的方

204

式打開緊閉的心門，瓦解最頑固的堅持。幫助你解開道德的枷鎖，鬆開教條的綑綁，拿下模範生的框架，不執著個人的觀點、不強求完美的境界，適時放鬆與善待自己，才能享受生活，領會生命之美。」

戴上岩泉水面具的孩子們都很早熟，期待自己優異的表現能夠受到眾人的表揚。嘴裡不說，一舉一動都試圖讓自己成為他人的榜樣。也因為如此，常常給自己設下許多框架，吃足苦頭。使用岩泉水花精可以舒緩他們的精神壓力，讓他們更活潑、更天真，說不定偶爾還會有些小任性呢!

 巴赫醫師的話

這些人的生活相當嚴謹，他們拒絕生活中的許多樂趣和喜悅，因為他們認為這會干擾自己的工作。他們為自己立下極高的標準，希望自己成為優秀堅強和積極的人，他們願意做任何事去維持如此良好品德。希望自己可以成為別人的榜樣，好讓他人能夠遵循自己的觀念，成為更好的人。

線球草

無法決定「向左走、向右走」的線球草總是呈V字型不停
地分化延伸，在地上匍匐蔓延直到長成一團糾結的線球。
線球草花精可以協助這類型的人，比較容易在兩個選擇
中做出決定，產生「置中」的力量，讓生命的鐘擺漸漸趨
於平緩，用堅定的信念轉化猶豫不決的天性。

人格特質發展的正向美德：堅定（Steadfastness）

負向的行為和情緒表現： 猶豫不決（Indecision）

Scleranthus

左右為難　佑佑

　　佑佑是個乖巧有禮的小孩，很少給大人添麻煩，卻總是給自己找麻煩。這話怎麼說呢？他做任何決定都有困難，口渴了，喝果汁還是喝鮮奶，肚子餓了，要吃麵包還是飯糰？有點無聊，看卡通還是玩電動？快放假了，要參加夏令營還是報名安親班？

　　佑佑的平衡感不太好，下樓必定扶著把手，否則沒有辦法產生手眼協調的節奏感，很容易失足踩空滾下去。媽媽很怕帶他出遠門。因為他出遊老是暈車、暈機、暈船。個性安靜的他，總是努力忍耐不舒服的感覺，直到額頭冒汗、臉色蒼白，才默默拿出口袋裡的塑膠袋，「嘩～」吐了出來。

　　佑佑的外表看起來很安靜，其實他把所有的煩惱都放在心裡。不管是芝麻蒜皮的小事，還是攸關性命的大事，佑佑總是很快就知道哪個選擇比較好，卻又隨即陷入兩難：去，不去？做，不做？好，不好？要，不要？聰明的頭腦可以輕易看透事情的兩面，卻因為太擅長分析利弊得失，反而遲遲無法做出最後的

決定。就算好不容易做出選擇，心中又會帶著一絲惋惜，懷疑自己當初如果做的是相反的決定，會不會更完美？即使在最後關頭改變主意，又會認為最初的選擇比較好。

這樣的個性，每次外出吃飯，總是最後一個點餐。大家以為他客氣，殊不知他的內心其實是在掙扎，該吃 A 餐好呢，還是 B 餐？A 餐的排骨有我喜歡的配菜，但 B 餐的雞腿做法看起來比較特別。今天肚子好餓，應該要選分量比較大的雞腿。才剛下定決心，又想到排骨飯裡的魚香茄子平常吃不到，油油亮亮的紫色讓人食慾大增。前面的人陸陸續續做好決定，時間壓力下佑佑更是心慌意亂，不知道該怎麼選才能讓自己吃的心滿意足。忽然不小心聽到爸爸說：「我要點 B 餐雞腿。」佑佑如釋重負地鬆了一大口氣，大聲地說：「我要點 A 餐排骨。」上菜之後，佑佑必定堆著滿笑意跟爸爸說：「嘿嘿……爸爸，等一下你的雞腿可以分我吃一口嗎？」

為了晚上的游泳課，佑佑已經想了幾百次不知道該出席還是請假？想到可以去游泳很開心，又想到今天功課很多可能寫不完！可以和游泳班的同學比賽競技有點興奮，又覺得好像每次都是這樣打打鬧鬧了無新意。如果要去游泳，就得趕快把功課寫完，如果決定不去，就可以慢慢來。去好了！打開作業本，寫了幾個字，不然還是別去了，先吃個點心休息一下好了！

「佑佑，準備好上游泳課了嗎？」媽媽探頭進來問。「功課還沒寫完？今天不舒服要請假嗎？怎麼一臉垂頭喪氣的樣

子？」走進佑佑房間，媽媽反手關上房門，坐在床沿問：「怎麼啦？」佑佑只好老實招認：「我……又沒辦法做決定了啦！」

媽媽說：「佑佑，我問你喔！如果有隻小白兔正在過馬路，忽然發現綠燈變成黃燈了，它無法決定該趕快向前衝，還是向後退回路邊，當成群的車子朝它衝過來，你認為它會發生什麼事呢？」佑佑說：「可能會站路中間被車子撞下去吧！」「對呀！無法做決定的後果就是留在原地，無法前進也無法後退。當這樣的心理的狀況反應在身體上，也會造成一些兩極化的生理現象，例如今天便祕，明天拉肚子，有時候手腳冰冷渾身無力，一會兒又熱血沸騰很有活力，像個在兩個極端擺盪的蹺蹺板，找不到平衡點。」佑佑說：「對耶！我就是這種感覺！」

來點線球草花精吧！它可以幫我們找到蹺蹺板的中心點，慢慢地為每個決定找到平衡點，幫助我們在兩難中做出取捨，領悟到世界上沒有一百分的答案，一旦做出選擇，就不要反悔，相信自己可以做出最好的決定。

 巴赫醫師的話

這些人無法在兩個選擇中做決定，一下子認為這樣似乎是對的，一下子卻又認為那樣才是對的。他們通常是很安靜的人，會默默承受自己的困難，不會與人商量。

Note
to
Self

聖星百合

聖星百合來自於耶穌的誕生地，又稱為「伯利恆之星」。六瓣花好像六芒星，象徵著物質與精神、陰與陽的平衡。聖星百合是一個能撫慰心靈的花精，可以處理驚嚇與創傷。常常出現在第一次的花精處方裡，撫平過去的陰影，啟動自癒力，作為治療的第一步。

Star of Bethlehem

嚇呆　蓉蓉

　　六年級的暑假，蓉蓉的好朋友邀她一起參加游泳訓練班！教練請大家雙手抓著泳池邊緣，練習放鬆，讓身體自然地漂浮起來，熟悉水中的環境。蓉蓉泡在水裡，呆若木雞，全身僵硬，怎麼樣也不敢把頭埋進水裡。泳池的喧鬧聲、教練的指令，所有的聲音好像變得很遙遠，就連好朋友叫著蓉蓉的名字，她也恍若未聞。

　　臉色蒼白地上岸，坐在泳池邊的海灘椅上休息，有種奇怪複雜又痛苦的感覺，慢慢浮上心頭，讓蓉蓉感到沮喪的是，她不知道該怎麼去處理這樣的情緒。她很想學會游泳，卻不知道自己為什麼那麼怕水，下水就像顆只會往下沉的石頭？剛剛在泳池中，好像想起了什麼，可是又模糊不清，大概是某個曾經看過的電影情節，應該不是發生在自己身上的事！

　　失魂落魄回到家中，想到廚房削顆蘋果充飢，不小心切到食指，拿著刀子呆呆地看著左手食指傷口漸漸冒出紅色的鮮血，

蓉蓉想：這是真的嗎？我好像切到自己的手了耶！可是怎麼不覺得痛？放下水果刀，捏緊傷口，找急救箱處理傷口。直到將傷口消毒包紮好，蓉蓉才開始感覺到指尖傳來一陣一陣的抽痛。

經過一番折騰，什麼胃口也沒了！覺得下腹部悶悶痛痛的不舒服，蓉蓉心想，該不會又吃壞肚子了吧？意志消沉地躺在床上，什麼事都不想做。覺得自己這幾天特別焦慮不安、諸事不順！

晚上跟剛下班回家的媽媽聊起早上游泳發生的糗事，以及禍不單行的遭遇。媽媽神色凝重地跟蓉蓉說，我們到書房好好聊聊這件事。「蓉蓉！妳還記得一年級的時候，我們全家去峇里島玩的事嗎？你還記得自己曾經被翻倒的香蕉船，拋進海裡這件事嗎？」蓉蓉說：「有嗎？我完全忘記這件事，只記得我們那次去了很多好玩的地方，還有吃很多特別的東西。」

媽媽繼續說：「因為我們沒有預期水上活動會這麼激烈，事先並沒有跟船家溝通好。翻船的時候，因為妳最小，所以被拋到比較遠的地方，雖然有穿救生衣，但感覺妳喝了好幾口海水，也受到很大的驚嚇。當救生員將妳抱回船上的時候，整個人呈現呆滯的狀態，問妳話都答不出來，只是兩眼無神地喝水，吃東西。我跟爸爸兩個都被妳嚇壞了！雖然妳外表沒什麼大礙，回家以後，還託奶奶帶妳去收驚呢！這些事情妳都不記得嗎？」

蓉蓉說：「我真的完全忘記這個意外事件了耶！不過今天在游泳池裡的時候，腳明明踩得到底，我卻有種自己一直要沉

入水裡的錯覺。在泳池邊休息的時候，我也有一種很模糊的記憶，好像回到自己包著毛巾，剛從海中被救起來的瞬間。

因為太害怕了！不知道如何反應，也不知道怎麼表達，甚至哭不出來，不知道自己到底有沒有死掉。」

媽媽說：「我明天帶妳去跟一個阿姨聊聊好嗎？有一次跟她喝下午茶，聊到峇里島發生的意外，她曾經跟我提過妳可能會有某些創傷後壓力症候群的現象。可以試著用巴赫花精來協助妳走出創傷的陰影。」

隔天三人一邊吃著鬆餅，一邊聊著花精。蓉蓉好奇的把花精一瓶一瓶的打開來聞，卻發現都是白蘭地的味道，沒有瓶身上註明樹木或花朵的香味。阿姨笑著說：「花精跟芳香精油不一樣喔！它是利用日曬法或蒸煮法淬鍊出花朵的訊息，作用在我們的精神層面，不像芳療的精油作用在身體的層面。舉例來說，剛剛聽了妳的故事，有一瓶叫做聖星百合的花精很適合妳目前的需要。

妳還記不記得昨天切到手指的一瞬間，並不覺得痛？這是一種動物自我防禦的本能，就像羚羊被獅子咬到的瞬間，會麻木而不感到痛苦。同樣的，當人類受到極大的驚嚇與傷害時，也會啟動這種自我保護的機制，暫時讓身心靈產生分離與凍結的狀態，避免心靈承受不了這些巨大的震撼，有人描述這種靈魂暫時抽離的情形是上天對動物的慈悲。

只要心理創傷沒有接受治療，一直處在有陰影的狀態，我

們的情感會變的很脆弱，只要有類似的狀況發生，便會過度反應或產生逃避的現象。而且這些人不喜歡接受他人的安慰或回溯治療，因為一旦再度打開傷口，重新檢視過去不好的經驗與覺知那些巨大的驚嚇時，害怕自己會產生大量負面的情緒。而聖星百合花精能在這種混亂的狀況下，重新整合我們的能量系統，啟動我們天生擁有的自癒能力，逐步清除過去的傷痛。」

蓉蓉有點不好意思地問：「阿姨，那我發現自己有壓力的時候，晚上常常會夢見數學考卷擺在眼前，卻腦中一片空白、無法作答的噩夢，也可以喝聖星百合嗎？」

「哈哈哈！當然可以囉！不過從哪裡跌倒，就從哪裡爬起來。有機會阿姨可以再給妳其他花精建議，讓妳自信從容地面對數學考試，有了成功的經驗，這個創傷自然而然就消失無蹤啦！不過，今天首要之務就是使用聖星百合花精，當作第一個花精處方，啟動妳的療癒系統，接下來的過程才會容易得多！」

 巴赫醫師的話

這些人處於極大的痛苦中，像是聽聞噩耗而感到震驚，失去至親，意外後產生的創傷等，而這些情況為他們帶來很多苦惱。當這些人拒絕接受任何安慰時，聖星百合可以帶來舒適與慰藉。

甜栗花

甜栗花的樹幹有明顯的裂紋，糾結旋轉向上，看起來好像巨人的肌肉，強而有力。甜栗花精可以幫助那些明明非常絕望卻又拚命尋找解決辦法的人，擺脫沮喪與意識消沉的心情，用積極正向且充滿希望的心態面對眼前的困境。

Sweet Chestnut

忍耐的極限　　東東

　　有一位博士去南極調查企鵝的生活作息。第一位企鵝說：「吃飯、睡覺、打東東。」第二位企鵝說：「吃飯、睡覺、打東東。」第三位企鵝說：「吃飯、睡覺、打東東。」第四位企鵝說：「吃飯、睡覺、打東東。」最後一位企鵝說：「吃飯、睡覺。」博士問牠：「為什麼你沒有打東東呢？」牠說：「因為我就是東東。」

　　只要聽到這個冷笑話，東東就會脹紅著臉，低下頭、抿著嘴、握緊拳頭，努力忍耐那種被羞辱的感覺。這個笑話，不知何時開始在班上流傳，每次一講完，大家必定會轉頭盯著東東哄堂大笑！幾個比較調皮的同學，經過東東身邊，就會故意打他的頭，或者故意認真的問：「你為什麼沒有打東東？」哈哈大笑揚長而去。

　　好脾氣的東東一直記得媽媽說不管怎樣，動手就是不對！希望同學玩膩了這個無聊的遊戲，總有一天會放過自己。而且如果一天到晚因為這種事情告老師，班上的人一定會更討厭自

己。可惜，事情並不像自己想的那麼簡單，反而因為東東的好脾氣，讓故意生事的同學們吃定了他逆來順受的個性，從原本輕輕地拍頭、打頭、推肩膀，到後來的拳打腳踢、藏課本、倒光水壺裡的水，甚至將他的球鞋從三樓丟出窗外……諸如此類的霸凌事件天天上演，原本一起玩的好朋友，不知道為什麼漸漸跟他保持距離，誰也不願伸出援手仗義直言。

今天體育課，同學故意拿籃球丟他，排隊時偷偷蹲下去拉掉他的鞋帶，害他摔了好大一跤，兩個膝蓋嚴重擦傷流了很多血。東東離開保健室，扶著牆壁一跛一跛地走回教室。受傷的膝蓋，讓朝向教室前進的步伐更加沉重。其實東東很想哭，可是不知道為什麼，卻一滴眼淚也流不出來。東東也很想任性地躲在家裡，假裝生病不要上學，卻總是勉強自己日復一日地到學校當沙包。東東也知道，或許找個明理的大人說說，或許會找到一線生機，但直覺卻要他咬緊牙關，繼續忍耐下去。每天睡前總是誠心禱告，祈求上帝不要再讓他經歷這種悲慘的遭遇。

腳步停在教室的後門，看著背對著自己的同學們，不知道進了教室以後，下一步該怎麼做。沮喪到了極點的他，深深地嘆了一口氣，告訴自己：難道是上帝忘了我嗎？一定是上帝最近比較忙，等他有空的時候，聽到我的禱告，一定會幫助我脫離這種苦日子的。不然，等明年分班，新同學就不會那麼無聊，開這種幼稚的玩笑了。再撐下去吧！情況一定會改變的！我一定可以想到方法改變現狀！現在就是黎明前的黑暗，總有一天

絕對會否極泰來的！

　　保健室的老師私底下跟東東的級任老師聯絡，告訴級任老師東東這學期大傷小傷不斷，前後已經來保健室報到了二十幾次，如果不是自身感覺統合的問題，必定是在班級裡遇到一些霸凌的現象，請老師多加留意。老師旁敲側擊叫了幾個比較熱心的女生來問，並藉故在下課時間返回教室，仔細觀察後發現班上果然有這方面的問題！

　　某天傍晚，東東接到老師打來的電話。老師在電話裡跟東東說：「東東，老師已經知道你在班上常常被同學欺負，你喜歡這樣嗎？」「……」（東東雖然沒說什麼，在電話的一頭，眼淚卻情不自禁地流下來）「老師知道你沒有說，是因為怕說了自己會更慘，對不對？」「嗯。」「如果你不想要老是被同學欺負，那你就必須改變自己的態度，告訴那些欺負你的同學，你不喜歡這樣！如果你不能在這麼痛苦的處境中，找到應對的方式，那麼以後你還是會碰到類似的狀況。」

　　徵求過母親的同意，並詳細解釋過巴赫花精的製作方法與使用方式，老師在東東的水壺裡加了兩滴甜栗花精，告訴東東，甜栗花精可以給他一種衝破困境的力量與勇氣。東東心中的上帝，並沒有遺棄他，相反的，上帝總是會給人們剛剛好的考驗，希望藉著這種磨練，讓你智慧增長、歷練豐富，令你往後的人生更加圓滿。

巴赫醫師的話

　　這些人遭受無情而劇烈的打擊，痛苦大到無法忍受，此時，他們的身心似乎已經達到所能忍受的極限，卻還必須繼續妥協。似乎一切都不存在了，只剩下破壞和毀滅必須面對。

Note to Self

馬鞭草

馬鞭草擁有方形、左右對生又挺直的莖,象徵著堅持自己的原則,無法忍受不同的觀念的個性。一大叢植物卻只在頂端開出幾朵稀疏的小花,象徵著做事常常過度努力,收穫卻總是不成比例的人格特質。馬鞭草花精可以幫助那些喜歡說服別人,過度熱心的人們,培養「寬容」的美德。容許他人不同的觀點,溫柔耐心地等待,在他人需要時才適時伸出援手。

人格特質發展的正向美德:寬容(Tolerance)
負向的行為和情緒表現: 狂熱(Over-enthusiasm)

Vervain

one of the twelve healers

12

大聲公　勳勳

　　勳勳才剛踏上校車，就大聲宣布：「我今天有帶很多台小汽車要玩具分享喔，等一下有沒有人要跟我一起玩？」看大家興奮的眼神，勳勳得意地說：「不用擔心，每個人都可以玩到一台！跑車、賽車、敞篷車、轎車、卡車、挖土機、休旅車、救護車、消防車，大家先想好自己要什麼車，再來跟我拿。」

　　玩具分享時間還沒到，按耐不住想玩車的衝動，勳勳跟旁邊的女生聊起車來。「妳等一下要跟我們一起玩我帶來的小汽車嗎？」小女生搖搖頭，一副興趣缺缺的樣子。「很好玩耶！我們可以玩汽車總動員，比賽看誰比較厲害。」女生還是覺得娃娃屋比較有趣。「不然我們用汽車假裝是人，來玩娃娃屋。」女生說汽車不可愛。「不會啊！我跟妳說，我帶來的小汽車很多都有臉耶！還有一台跑車叫莎莉，是最漂亮的一台，不然那台讓妳玩，要不要？」女生說她不想一個人跟男生玩車。「好啊！那我等一下幫妳去跟其他女生說，約她們一起來玩小汽

車。」費盡唇舌說服了小女生，雖然勳勳因為上課一直講話，被老師請到旁邊休息，但他的心情並沒有因此受影響，反而滿心歡喜，因為下午玩具分享時間，全班可以一起玩他最愛的小汽車，比什麼都要令人開心。

　　玩具分享時間一到，勳勳熱心地發車子，分配角色，指揮全局，排解糾紛，忙得不亦樂乎。一段時間之後，有人說一直玩汽車很無聊，提議大家改玩樂高積木。勳勳感到很受傷，大聲的說：「不公平！你們早上明明答應我的喔！幹嘛要反悔？」「可是一直玩車子很無聊啊！樂高可以拼自己想要的東西，比較好玩。」「哪會啊！汽車比較好玩！它有輪胎可以滑，樂高又沒有！」「樂高可以自己玩，我比較想要自己玩。」「一起玩比較好玩，幹嘛要自己玩？」「你很奇怪耶！為什麼我們都要聽你的？」「我是替你們著想耶！我從家裡帶那麼多車子來跟大家分享，是因為怕你們覺得學校的玩具太無聊了，好不好？」「哪會啊！我就不覺得無聊！樂高可以做出很多東西，小汽車只能開來開去，超無聊的！」

　　勳勳不知該如何用言語表達心中的不平與委屈，扯起嗓門「哇～～～」的大聲哭了出來！他不懂為什麼有人會覺得小汽車很無聊，汽車的世界明明就很多采多姿，家裡的汽車小百科裡，說了很多其他人都不知道的事，最快的、最貴的、最稀有的、最精緻的，德國車、美國車、日本車、義大利車……每個國家的車子都有不同的特色，為什麼大家都沒有興趣，卻只想

玩樂高呢？

　　悶悶不樂的回到家裡，勳勳跟媽媽說自己頭很痛吃不下飯，想休息一下。媽媽看他跟平日精力旺盛的模樣差很多，關心地詢問白天在學校的情形。聽勳勳口沫橫飛說完對整件事情看法與不平後，媽媽笑著說：「勳勳！你又『馬鞭草』囉！要不要來點馬鞭草花精啊？」勳勳嘟著嘴巴說：「哼！是有一點啦！我這次不要用喝的，現在好熱，請給我冰涼毛巾加上一點馬鞭草花精，敷在我的額頭上，一定會很舒服！」媽媽將馬鞭草浸濕毛巾敷貼在勳勳的額頭上，邊跟勳勳說：「你看！你看！馬鞭草個性嚴重到指揮媽媽怎麼使用花精，還說自己只是有一點嚴重！如果你去看醫生，是不是也要指導醫生開那些藥給你吃？」

　　「媽媽跟你說過很多次啦！你經常從自己的觀點看事情，忘了站在別人的立場想，雖然你是一片好意與熱心，但每個人都可以有自己的看法，如果你太過努力想要說服他人，造成別人的壓迫感，造成反效果，到頭來只會讓自己感到生氣、沮喪甚至像現在這樣頭痛。」

　　「等你感覺頭痛好一點，要不要把房間裡的汽車拼圖拼完啊？如果你挑戰成功，媽媽再帶你去買500片的！」勳勳說：「挑戰完500片的，可以再買1000片的囉！太棒了！我要把1000片的汽車圖鑑拼圖，掛在牆壁上天天欣賞！」

　　（媽媽鬆了一口氣，對付這種有領袖特質的馬鞭草小孩，果然還是要幫他找一點可以自己玩的遊戲才行！）

巴赫醫師的話

　　馬鞭草人格特質的人有其固執的原則和想法，他們相當有信心，認為自己是對的，因此很少改變。他們非常期望別人的意見和想法能符合自己的人生觀。當他們自認所要教導給世人的事物是對的時候，他們將展現堅強的意志和無比的勇氣。

　　生病的時候，他們仍然努力不懈，如果是一般人，恐怕早就放棄了。

Note to Self

葡萄藤

長久以來，人們將葡萄樹切割、綑綁、固定，用種種的限制，期許它結出碩大香甜的果實。但巴赫醫師選用的卻是在野地胡亂生長、酸澀難以入口的野生葡萄。葡萄藤花精可以協助我們放下對權力控制的執著，給予他人自由，放鬆對自己的鞭策，舒緩緊繃的心情。

Vine

小霸王　強強

　　強強從小就是個很有主見、什麼事都想要自己來的孩子。大人怎麼樣也阻止不了他，想用自己的方式認識這個世界的決心。偷偷拿剪刀剪破窗廉、學大人拿油性筆在外套上寫名字、把牛奶從冰箱裡拿出來倒得滿地都是、在西餐廳拿刀叉把食物吃得滿桌都是、亂開抽屜夾到手、拿著遙控器胡亂轉台、硬要用杯子把水喝得全身溼答答、出門前花半個小時等他穿襪子、穿鞋子、站在門口有家歸不得，只為了等他練習用鑰匙開門。最可怕的是，從嬰兒時期開始，一不順他的意，就會忽然向後仰躺，崩潰大哭。不知道是該投降才好，還是冒著讓小孩腦震盪的風險管教？

　　強強的媽媽天天面對這樣的小孩，有非常大的挫折感！相處的每一秒鐘，必須全神貫注他的一舉一動，絲毫不能放鬆！話雖如此，悲劇還是依然天天上演。才告訴他熱水很燙不要碰，轉身拿個東西，就聽到他被燙得嚎啕大哭。插座有電很危險，

卻看到他趁大人不注意，試圖幫電風扇插電。明明已經耳提面命過要小心，下一分鐘卻發現孩子又身陷險境；明明已經叮嚀過下樓梯要注意安全，一個不留神孩子就摔得鼻青臉腫。

每天都是又急又氣又無奈地收拾殘局，還要面對先生與長輩們不諒解的目光。「小孩不懂事，本來就是要教，會受傷就是大人沒顧好……」每次聽到這類責難話語，強強媽媽總是覺得非常委屈，她不知道為什麼這個小孩就是講不聽，固執又難教？

強強有很強的好勝心，樣樣都想拿第一。為了累積榮譽榜的貼紙，字跡工整、主動服務，只要可以得到貼紙，什麼事他都願意做！大家願意照著他的指示做的時候，他是一個英明睿智的領導者，他會大方分送自己的新鉛筆給聽話的同學，也會幫動作慢的同學完成任務，因為他覺得自己有責任照顧這些忠心耿耿的部下。只要有人敢挑戰他的權威，就馬上搖身一變為專制又霸道的小暴君。只要有人不服從指揮，強強就會不准大家跟他玩。只要有人質疑他訂下的遊戲規則，強強就會暴跳如雷，臉紅脖子粗地吵架，甚至出手打人！

某次強強因為上床時間到了，被迫中斷遊戲，氣得摔玩具、丟書，大哭大鬧，大吼大叫，哭到聲嘶力竭氣喘發作，爸爸心疼地暗示：算了！不要強迫他睡，要不要給他吃一點氣管擴張劑？都喘不過氣來了，不要再跟他硬碰硬。

兩夫妻又再次為了教養強強這件事起了爭執，一個認為孩子小，長大了就比較可以講道理，現在不用太過堅持某些規矩。

另一個卻是認為就是父母雙方不一致的態度，才導致強強變本加厲的壞脾氣。

伴隨著強強的哭聲，爸爸也越講越生氣：「總不能每次都因為這樣，害他激動到氣喘發作，再餵他吃藥控制吧？再嚴重一點，難道我們要帶他去看心理醫生，餵他吃鎮靜劑？年紀這麼小，難道妳忍心用這種方式強迫孩子就範？眼看西藥的副作用影響孩子的健康？」

媽媽嘆了一口氣：「我覺得強強的固執有點遺傳到你耶！現在是二十一世紀，號稱整合醫療的世紀！有許多新的資訊，也有各種醫療系統能整合運用，不一定只能依靠西藥來壓抑身體的病症。花精療法就是特別擅長舒緩負面情緒，這次你就讓我試試看好嗎？」

將兩滴葡萄藤花精，滴入一杯水中並拿化妝棉拿杯中的花精水沾濕敷貼於強強的喉嚨處，強強的哭聲竟然在三分鐘內漸漸緩和下來，喘咳的症狀也隨之平復，終於願意點頭妥協媽媽開出的方案：只要現在上床睡覺，就可以聽一集故事錄音帶。

接下來的幾天早上，媽媽在水壺裡滴入兩滴葡萄藤花精，讓強強持續使用。聯絡簿總算不再是老師告狀強強亂發脾氣、打人的壞消息。而是令人欣慰的優良表現。老師在早自習參加例行的教師會議，班上有個小朋友因為肚子痛，臉色蒼白地趴在桌上。風紀股長記了滿黑板的名字也管不了鬧哄哄的秩序，女生忘情聊天，男生嘻笑奔跑，那位不舒服的同學突然站起來

吐了一地。全班目瞪口呆，有女生尖叫好噁心、好臭，男生們嘲笑他好遜，為什麼不能忍耐到廁所吐？那位小朋友既羞愧又難受，竟放聲大哭了起來。

強強再也受不了，拍了桌子大吼一聲：安靜！跑最快的 A，你去會議室告訴老師，值日生 B 跟 C，你們去拿報紙來吸，負責拖地的 D 跟 E 拿拖把來拖，保健股長 F 帶他去保健室休息，其他的同學通通給我坐好，嘴巴閉起來！誰敢再說噁心或笑人家，就處罰誰拿衛生紙擦。不怒而威的霸氣臨危不亂，等老師回到教室，一切早已井然有序，順利度過危機。

 巴赫醫師的話

他們非常有才能，肯定自己的能力，對成功有十足的把握。他們相當有自信，認為假如別人能夠接受勸說，按照他們的方式去做，或者依照他們認為正確的方式進行，將對大家有益。即使在生病時，他們也要指使照顧他們的人。在緊急狀況時，他們可能很有幫助。（非常時期，需要聰明過人的獨裁者，帶領大家度過難關）

胡桃

胡桃的樹葉與果實，會利用氣味驅除害蟲，雌蕊的外觀彷彿像母親的子宮，細心呵護孕育著裡面的果實。長得像大腦的胡桃果仁，也由堅硬如頭蓋骨的外殼所保護著。胡桃花精又稱作「保護花精」，植物種種保護的特性，協助我們在人生每個階段，堅持理念，不受外界影響，順利度過轉換期。

Walnut

變動時刻　　宏宏

　　宏宏是個不喜歡改變的小孩，他喜歡在固定的時間做固定的事。六點半起床，七點吃早餐，七點半出門上學，四點放學，四點半享用點心，五點寫功課，六點看卡通，七點吃晚飯，八點半洗澡，九點關燈睡覺。

　　學坐、學爬、學走、適應副食品、戒尿布、長牙、換牙、練習自己睡，進入幼兒園、念小學……這些階段性的成長過程，對宏宏來說，都是不得了的大事，好幾次還因為適應不良發燒生病呢！宏宏也不喜歡外宿與旅行，旅途中的新鮮感與不熟悉的環境，都讓他覺得寢食難安。去年跟家人的美國之旅，花了整整一個多禮拜調時差，日夜顛倒的作息，把同行的家人累得人仰馬翻。這種對外來影響過度敏感的個性，在變動的時刻與環境中，讓宏宏吃盡苦頭。

　　宏宏平時還蠻有主見的，卻很容易受他人影響，改變自己原本的看法。明明想學拉小提琴，卻改變心意學鋼琴，因為姊

姊說會彈鋼琴的比較厲害！本來想加入游泳校隊，卻因為好朋友們都參加足球社，又在最後關頭改變心意。下個禮拜的畫畫比賽，因為老師的一句「你畫的很不錯啊，應該把握機會試試看」，填寫報名表後壓力大到幾天睡不著覺。宏宏真的很想跟老師說，其實自己原本比較想參加背單字比賽。

　　某天爸爸下班回家，宣布了一個天大的好消息：他申請到國外研究所的獎學金，準備帶著全家到美國兩年，體驗不同文化的生活。媽媽跟姊姊興奮地拍手叫好，只有宏宏愁眉苦臉，完全開心不起來。因為消息來得倉促，爸爸媽媽開始忙著打包，姊姊開心地拿著紀念冊，忙著請同學簽名留念。宏宏整個心七上八下，一想到充滿挑戰與許多不確定的將來，就渾身不舒服，無法平靜下來。無法理解其他人興致勃勃，對未來充滿期待的心情。

　　「爸爸，我們去那邊要住什麼地方啊？我的英文很爛怎麼辦？」

　　「宏宏，爸爸有認識的朋友可以幫忙我們找房子。而且爸爸的英文也需要加強啊！去美國天天聽、天天說，就會進步了！」

　　「媽媽，去美國是不是只能吃漢堡三明治？可是我喜歡吃白飯耶！」

　　「宏宏，那裡還是有華人超市，雖然不太方便，要開車一個多小時才會到，但我還是可以盡量準備一樣的飯菜啊！」

「姊姊，妳會不會擔心去那裡沒有人要跟妳做朋友？」

「有一點耶！不過，只要我們保持笑容，鼓起勇氣打招呼，找機會幫助別人，就會慢慢認識新朋友啦！」

吃早餐的時候，宏宏跟媽媽說自己只要一喝到冰鮮奶臼齒就會痠痛不舒服。媽媽請宏宏稍微忍耐一下，放學就帶他去看牙醫。宏宏這幾天的狀況，媽媽都看在眼裡，敏感不喜歡變動的個性媽媽心裡也有底，逮到機會問宏宏，要不要試試看胡桃花精？為最近的心情帶來一點鎮靜的效果？宏宏當然點頭如搗蒜地答應。

媽媽說：「胡桃有個又硬又厚的殼，可以保護你不受外界的干擾。協助你在變動的時刻，保有內心的平靜，並且堅定你的想法，不受他人影響，朝向心中的目標前進。」

吃晚餐的時候，神采飛揚地說：「媽媽，好神奇喔！我都快吃飽了才想到自己忘了吃止痛藥，這次補完蛀牙，竟然都不會痛耶！我還記得上次不只牙齒痛，頭也痛了兩三天，難道是吃胡桃花精的功效嗎？而且，今天我在學校跟同學說這件事，大家都好羨慕我有出國念書的機會。我忽然覺得這是千載難逢的好機會，可以快速學好英文。說不定兩年後回來，我就是班上最會說英文的人了！還有，還有，我還可以用電腦跟同學聯絡，可以知道班上發生什麼事，大家不會一下子就忘了我！」

爸媽相視而笑，暗暗鬆了一口氣，如果不是花精，想讓小子接受改變，不知道還要費多少唇舌呢？

媽媽說：「哇！你怎麼忽然就想通了呢？而且還很有道理呢！其實跟搬家一樣，拔牙、換牙、矯正，對身體來說都是一種變動。胡桃花精可以幫助我們順利地度過變動的時刻，例如懷孕、生產、斷奶、換牙、戒奶嘴和尿布、學步、換工作、新生報到、新兵入伍、離婚、生病康復中、青春期、更年期、中年危機、喪偶、甚至死亡⋯⋯通通都是使用胡桃花精的時機喔！」

爸爸說：「嗯～ 我也來點胡桃花精好了！」

 巴赫醫師的話

這些人對於人生有明確的目標與抱負，並且正在實現他的們任務。但在極少數的情況下，他們會被別人的熱情、堅定和強烈的意見所影響，而偏離自己的信念、目標和工作。胡桃花精可以讓他們堅持理念，不被外在影響。

水堇

水堇生長在沒有動物打擾的深山水塘裡，就像水堇的人格特質，孤芳自賞、遺世獨立。水堇花精可以幫助這些聰明而有才華的隱士們，由深山踏入紅塵俗世，貢獻自己的智慧，透過服務人群，化解內心深處「先天下之憂而憂」的悲傷。

人格特質發展的正向美德：快樂（Joy）

負向的行為和情緒表現：悲傷（Grief）

Water Violet

12

悲傷的獨行俠　　皓皓

　　又瘦又高又帥氣的皓皓，是個溫文有禮、品學兼優，才華洋溢的資優生。當大家還是歇斯底里地哭鬧、揮舞著手腳吵著大人抱的小嬰兒時，皓皓可以一個人待在嬰兒床裡，咿咿啊啊地跟床邊的玩偶講話；當大家可以坐起來左右張望、流著口水亂啃亂咬時，皓皓卻坐在地上，認真研究一顆顆不同的積木；當大家到處亂爬、四處探索的時候，皓皓卻想盡辦法試著倒退著下樓梯；當大家開始熱中電視裡的兒童節目，皓皓已經開始學著看書、拼樂高積木。

　　他就是這麼一個從小就十分與眾不同的孩子！大家都有好朋友，他卻寧願當個獨行俠；下課鐘聲一響，小朋友如脫韁野馬飛也似地衝出去，他卻跟老師說自己只要留在教室看書就好；大家在沙坑把身體搞得灰頭土臉，他卻遠遠地蹲在樹蔭下觀察列隊前進的螞蟻。不管遇到什麼場合，他總是可以置身事外，冷眼旁觀。同學間發生爭執，他不會雞婆的充

當和事佬，也不會跑去告訴老師，更不會站在旁邊瞎起鬨，周圍發生的一切，似乎都與他無關，除非同學主動尋求他的意見，否則皓皓就是一如往常的冷眼旁觀、不發表任何意見。

在皓皓的心中，班上的同學都像長不大的小孩，思想單純、行為幼稚。自己懂的東西他們不懂，他們想聊的話題，自己又覺得太無聊，除了卡通與電動，沒有什麼常識與知識。就是因為這樣的優越感，皓皓越來越覺得自己難以融入班上的團體。話雖如此，班上同學向他請教問題時，皓皓也會客氣的幫忙，但自己就算遇到困難，卻很難放下身段，向同學們開口求助。

今天是選模範生的日子，黑板上寫著皓皓跟甜甜等著大家投票。皓皓心想，應該是我當選吧！

甜甜雖然是班上的開心果，可是成績沒有我比好！

她雖然熱心助人，卻常常把事情搞得更糟；雖然很可愛，但是有點胖，長的也沒有很漂亮；最重要的是她不愛看書，整天只喜歡看卡通跟蒐集玩偶貼紙那些沒有意義的小東西，跟她比起來，我看了很多書，也比較聰明有學問。內心雖然這樣逐項評比著自己的勝算，但表面上還是謙虛投給對方一票！怎麼也沒有想到，最後竟然是甜甜高票當選，自己連對方一半的票數都不到！看著大家簇擁著甜甜大聲拍手叫好，皓皓抬著下巴，抿著嘴，默默走回位子上。老師意味深長地看著這一幕，暗自決定找個機會跟皓皓媽媽聊聊今天發生的事。

接下來的好幾天，皓皓在學校幾乎沒有開口說話，在家也把自己關在房間裡，整個人變得更加沉默與孤僻。他覺得自己其中一顆大門牙，開始搖得越來越厲害，但是因為前幾天落選帶來的壞心情，讓他不想告訴任何人，就只是躲在房間裡，一邊看書一邊用舌頭將牙齒頂出去又拉回來，心裡盤算著或許該想個辦法自己將牙齒拔下來。

準備好拔牙工具，對著鏡子，將牙齒套進縫線做成的線圈理，吸吸口水，做好心理準備，胸有成竹地覺得自己穩操勝算。剛聽到客廳電話聲響起，媽媽似乎正在講一通不會馬上結束的電話。抓緊這個大好時機，拉緊手中的線，鐵了心定要將這顆牙齒拔下來。

當媽媽掛上電話，打開皓皓房間時，看到桌上一坨血淋淋的衛生紙，滿口鮮血的皓皓得意地裂開缺牙的嘴巴，拿著一顆沾血的門牙，口齒不清地說：「媽媽！這是我自己拔下來的喔！我厲不厲害？」這樣的場景，真是始料未及，怵目驚心！花了幾分鐘穩定心神，並確認皓皓的牙齒沒有大礙，才鬆了一口氣說：「皓皓！剛剛老師打電話來跟我說這次模範生選舉的事。媽媽在乎的不是你有沒有選上，而是『沒有人』在落選的時候過來安慰你！你知道為什麼嗎？」

皓皓得意的臉，瞬間沉了下來，嘴角的血水呼之欲出，惹得媽媽忍不住笑了出來：「皓皓，你看一下鏡子！」皓皓轉頭看到鏡子裡自己滑稽的樣子，裂著血盆大口捧腹大笑，好久都

沒有辦法停下來。笑聲方歇，一邊擦眼淚一邊擦血水說：「媽媽，妳到底要跟我說什麼啦？」

媽媽說：「你知道媽媽有多久沒有看過你搞笑了嗎？你知道媽媽有麼喜歡看你像個普通的小孩子，說一些傻呼呼的話，整天無所事事到處遊蕩，常常吵著要去同學家玩，你跟誰誰誰吵架，誰又是你新認識的好朋友。你是個很棒很優秀的小孩，許多方面都無可挑剔。可是，媽媽今天必須跟你談一談你的人際關係！你一定知道我們人類是群體的動物，我們必須互助合作才能生存下去，是吧？」

皓皓：「我有幫助同學啊！」

媽媽：「是主動幫忙，還是等別人開口你才伸出援手？」

皓皓：「等別人開口！」

媽媽：「這就是我要談的重點。這兩者的不同處在於，主動幫忙的人，對別人的困難感同身受，不求回報。等別人開口的人呢？便是覺得自己比別人優秀，不願意放下身段主動提供協助。久而久之，自己遇到困難也會難以啟齒。跟朋友之間，沒有交集，無法禮尚往來，沒有革命情感，人際關係漸漸不流動，大家也漸漸把你當成陌生人了！」

聰明的皓皓點點頭說：「媽媽妳說的我都懂，可是我就是沒有辦法做到。這大概就是我的個性啦！江山易改，本性難移！」媽媽說：「你知道我有一盒巴赫花精吧？巴赫醫師說，每一種人格都有正向美德與負面特質，當你知道自己是什麼人格

特質後，無須強迫自己改變與生俱來的天性，只要專注地發揮正向美德，負面的特質就會自然而然地消失囉！」皓皓若有所思地說：「原來我自己做不到的事，花精可以用潛移默化的方式改變我！媽媽，讓我試試看水菫花精吧！我再也不想當個悲傷的獨行俠了！」

 巴赫醫師的話

　　這種人不論生病或健康都喜歡獨處。他們相當安靜，活動時不會發出吵鬧聲，話不多，表現優雅。他們相當獨立、有才能以及自信，不會被他人的意見所影響。水菫的人表現冷淡，與人群疏離，並且離群索居，堅持自己獨特的風格。通常聰明有才華，他們和諧冷靜的氣質將嘉惠周遭的人。

Note
to
Self

白栗花

白栗樹的樹葉在冬天會通通掉光，留下一大團向上捲曲的深色枝枒。盛開的白栗花每朵都不一樣，整棵樹一團混亂，毫無秩序可言。就好像人們陷入白栗狀態，強迫性的思考同一件事，思緒反覆無法停止，處於極端混亂的精神狀態。白栗花精可以幫助我們安定心神，甩開煩惱，幫助睡眠。

White Chestnut

無法停止的思緒（失眠）　　晴晴

　　躺在床上翻了又翻、滾了又滾，五年級的晴晴就是沒辦法睡著。就算累極了閉上雙眼，不知為什麼，又會因為一點細微的聲響，再度清醒輾轉難眠。

　　前天在學校裡和最好的朋友發生了一點爭執，對方不只到處說自己壞話，還逼大家選邊站，晴晴滿腦子充斥著問號，不能理解為什麼大家要這樣排擠她，三天下來整整瘦了兩公斤。

背著書包走在上學的路上，
一邊走一邊想：她為什麼要這樣對我？
上課看著老師在台上口沫橫飛地講課，
心裡忍不住又想：她為什麼要這樣對我？
別班同學問晴晴，妳看起來好像不開心，是不是有什麼心事，
晴晴搖搖頭說：沒事啦，沒事！（心裡卻偷偷地想：她為什麼要這樣對我？）

回家什麼事也不想做，什麼東西也不想吃，

無法克制地想：她為什麼要這樣對我？

拿著蓮蓬頭，沖了整整二十分鐘的水，

澡都還沒開始洗，還是仍舊不停地想：她為什麼要這樣對我？

這種思緒好像天使與惡魔在腦子裡爭論不休，

你一言我一語地展開辯論大會。

　　不要再想這件事了！可是她為什麼要這樣對我？哼！討厭！想到這點就生氣！不過就算是這樣，也可以當面跟我講啊！幹嘛在背後說我壞話？竟然叫大家不要跟我玩！我以後也不要再跟她做朋友了！就算說我壞話，還是會有人相信我！我又沒有做對不起她的事！有什麼了不起，我的朋友還很多！該不會是她忌妒我的朋友多人緣好？就算是這樣，我也沒有錯啊！幹嘛說我壞話？拚命甩頭試圖甩掉這些令人心煩，又揮之不去的思緒，推開椅子，起身走到廚房倒杯水喝，重新集中精神把該寫的功課寫好！卻又在喝水的時候，再度想起這個令人苦惱的問題：她為什麼要這樣對我？

天啊！我到底在幹嘛？為什麼我會一直想這件事？

我一直想就可以想出答案嗎？害我什麼事都做不了！

明知道不應該再想，為什麼腦子卻總是沒辦法停下來？

我有問題嗎？不然怎麼會這樣呢？為什麼？為什麼？

到底為什麼？

為什麼我對她這麼好，她卻在背後說我的壞話呢？

　　晴晴覺得很痛苦，她就像一個困在象牙塔的強迫症患者，無法克制自己鑽牛角尖的慾望與衝動。連續幾天混亂、疲勞、無法正常思考與專注的狀態下，晴晴覺得自己根本沒有辦法做任何事。要不是覺得開始昏眩、頭也痛得不得了，她一定會繼續煎熬下去，不輕易開口求助！

　　下定決心，晴晴走到媽媽跟前說：「媽媽！妳可以幫幫我嗎？我的腦子裡面不停地想同一件事，怎樣也沒有辦法停下來休息。今晚發現眼前的東西好像會移動，看東西越來越模糊，甚至沒辦法將目光聚集在一個焦點上。連續三天沒有辦法好好地睡覺，就算睡著了也是一直做噩夢，驚醒了又想起讓我煩惱的事，完全沒有辦法靜下心來，一直很焦慮很累，幾乎快要沒有力氣了。這個討厭的念頭就像旋轉木馬一樣，一下子轉開不想了，一段時間又轉回來。整個頭好像塞滿了東西，很脹很不舒服！再這樣下去，我肯定會發瘋！」

　　媽媽讓晴晴坐在沙發上等她，一會兒端來一杯可以舒緩緊張情緒，改善睡眠品質的洋甘菊茶，滴了兩滴白栗花精在裡面，以及一包的串珠材料包。媽媽說：「來吧！晴晴！我們一邊喝花精茶，一邊來做手工藝靜心好不好？我知道妳現在無法停下來思考，那我們就先讓手忙一點，做個漂亮的珠珠手鍊，先不

管頭腦裡那些混亂的想法！」

晴晴一顆顆串起珠子，偶爾停下來喝口加了花精的洋甘菊茶，手鍊接近完工的時候，晴晴忽然站起來，摀著嘴巴衝進廁所，「嘩！」的一聲，捧著馬桶吐了。

直到睡前，晴晴陸陸續續吐了三次，直到吐不出東西，還乾嘔出一些膽汁跟酸水。

媽媽關心地問：「還好嗎？是不是肚子不舒服？還是吃壞了東西？要不要看醫生？晴晴竟然說：「媽媽！我覺得舒服多了！好像每吐一次，感覺就越輕鬆！而且我開始覺得腦子越來越不聽使喚，眼皮越來越沉重，讓我去房間好好睡上一覺再說好嗎？」

媽媽雖然有點擔心，忽然想到這可能是所謂的「好轉反應」，姑且就把嘔吐當成一種排毒效果，再觀察一兩個小時看看也好！走進房間想再看看她，發現晴晴已經沉沉睡著，幫她關了燈，蓋好被子。心想，問題該不會這樣就解決了吧？

隔天早上，晴晴高興地說：「媽媽！我好像好了耶！我覺得那件事情沒有那麼困擾我了！雖然我還很在意，也不知道該如何解決這件事，但是我覺得自己可以做到順其自然，讓事情隨著時間水落石出，不要白費心思，自尋煩惱了！」

巴赫醫師的話

這些人無法阻止腦中充斥著不想要的想法、觀念、爭論。通常在他們的心智沒有辦法對當下產生足夠的興趣時，會發生這種現象。

這樣的想法令他們擔憂，並且會一直繼續。即使一時能夠甩開，但很快又會重新上演。思緒似乎反覆出現，而折磨著心智。

如此令人不悅的思緒，驅逐了我們內心的平靜，干擾工作的專注力與享受生活喜悅的能力。

Note to Self

野燕麥

稀稀疏疏生長在田邊的野燕麥，一直沒有辦法決定自己
要當一棵沒用的雜草，或者被馴化成為一種作物，高大
的莖卻總是在最後關頭無力地垂下。象徵著野燕麥的特
性：三分鐘熱度，找不到人生的大方向。野燕麥花精就像
是一個羅盤，可以為我們人生的旅途指引方向，找到人
生的目標，堅定地走向正確的道路。

Wild Oat

one of the seven helpers

7

三分鐘熱度　　莎莎

　　大家都覺得莎莎是個聰明的孩子，多才多藝，興趣廣泛。可是這個特點，卻苦了這對望女成鳳的父母。

　　才大班就換了三間幼稚園，幼幼班的莎莎喜歡有好大球池的學校，小班的莎莎每天哭喪著臉說好無聊，她想要天天聽故事，中班的莎莎又說鄰居的姊姊會說英文好神氣，她也要去教英文的幼稚園，等大班了卻說，她不想天天坐著聽老師上課，她想去那種愛做什麼就做什麼的學校。

　　課後的才藝班，更精采了！原本星期三、五的心算課，兩個月後變成跆拳道，星期一的圍棋課，才剛繳完學費就吵著說不想去。好多東西都想學，卻每樣都虎頭蛇尾。要不是媽媽堅持英文不能中斷，星期二、四的英文課恐怕也要被莎莎找到理由說要放棄。莎莎想學的才藝還很多：鋼琴好有氣質、捏黏土真有趣、直排輪好酷、蛇板車也不錯、足球、游泳、騎腳踏車、不過莎莎知道，因為圍棋課的事，媽媽正在氣頭上，這些要求，

恐怕得過一陣子，爸媽氣消了才能找時間提！

　　家裡的玩具跟書籍，常常讓來訪的客人，嘆為觀止。麥當勞兒童餐玩具，7-11的集點贈品，莎莎都會跟隨潮流狂熱蒐集，可是只要活動截止，馬上移情別戀放到一邊。女生喜歡的娃娃屋，公主玩偶，扮家家酒，男生喜歡的湯瑪士火車，閃電麥坤系列，樂高積木，戰鬥陀螺，益智玩具，潛能開發，桌遊牌卡，莎莎通通有！可是，每次經過玩具店，莎莎還是會苦苦哀求大人買最新的產品！

　　星期日的晚上，莎莎垂頭喪氣地說：「我作文寫不出來！」

　　稿紙拿來一看「最喜歡做的事」。

　　媽媽：「怎麼可能呢？妳每天那麼忙，過得那麼充實，喜歡做的事那麼多？我才不相信妳沒有做喜歡做的事。」

　　莎莎一把鼻涕一把眼淚地說：「不是不會寫，而是我喜歡做的事太多，雖然下個禮拜才要交，但是我已經想了好幾天，還是不知道要寫哪一個？」

　　「我有很多東西想學，可是學了以後總是覺得，那不是自己的真正的興趣。很多事想做，可是做一做又開始覺得無聊，不太想要堅持下去，覺得別的事可能更有趣。每天就是一直找、一直試、想找到真正喜歡的事，卻怎麼也找不到。其實我真很想要找一件自己喜歡做的事，天天做、天天練習、一想到就拿出來做，甚至成為這方面的高手，或是大家都會想要來請教我的專家。可是，我最難過的是：「為什麼我就是找不到心中最想

做的事？」

　　媽媽拍拍她的肩膀，請她到客廳沙發坐一下，遞上一杯加了冰塊和野燕麥花精的水。莎莎小口小口啜飲著野燕麥花精，媽媽說：「我給妳的是野燕麥花精，它是花精中的指南針，可以指引人們找到人生的方向。當我們覺得每件事都很無聊，在他人眼中看起來似乎是虎頭蛇尾、三分鐘熱度，其實真正的原因是無法感受到發自內心的喜悅與滿足。巴赫醫師特別說過，野燕麥花精最好能持續使用一週以上的時間，它可以讓妳腦中的思緒逐漸清晰明朗，就好像幫妳撥開眼前的迷霧，讓妳再度看清眼前的道路，目標明確地向前走。今天晚上就休息一下吧！反正不需要馬上交，這幾天我們就來試試野燕麥花精，感受一下花精羅盤的威力，再來決定要寫什麼主題，好嗎？」

　　持續服用野燕麥一段時間的莎莎，開始比較有自己的想法，選擇玩具的堅持度提高，玩玩具的穩定度也提升了不少，在才藝學習上也開始展現持續力。莎莎開心地跟媽媽說：「媽媽，我把作文寫出來了！我最喜歡做的事是講英文，我發現自己越來越喜歡現在的英文老師還有英文課！我決定要報名參加下一次的英文朗讀比賽，還有參加暑假的英文夏令營。而且我現在喜歡都是看英文發音的卡通 DVD 喔！我看幾次中文字幕以後，都可以聽得懂英文耶！最近忽然發現裡面好多英文對話都比中文發音更好笑！好奇怪喔！我覺得自己學英文特別輕鬆又特別容易懂！這一定是我個人專屬的超能力！」

巴赫醫師的話

這些人有雄心壯志，想在生命中完成一些卓越的表現，他們希望經驗許多事物，享受那些經驗的可能性，好讓生命更加豐富圓滿。

他們很難決定終其一生要從事哪種行業，雖然抱負如此偉大，卻遲遲沒有聽到心底最渴望的呼喚，這種情況會延緩個人的行動力和無法滿足於現狀的心境。

Note to Self

野玫瑰

野玫瑰是所有玫瑰花的始祖。它的花莖上，長著類似狼犬牙齒的紅色的尖刺，所以又被稱為「犬玫瑰」。野玫瑰花精，可以用強而有力的當頭棒喝，刺醒那些虛度光陰、無所事事、放棄生命、無動於衷地人們。一旦轉換心態，搬開治療的絆腳石，人們便能找回接受挑戰的動力與對生命的熱情。

Wild Rose

one of the second nineteen

19

空洞的眼神　　婷婷

　　婷婷是個早產兒，因為急性胎盤剝離，七個月就來到人間，整整住了一個月的保溫箱，因此跟其他的孩子比起來，媽媽總是特別關心她！先天性近視、胃口不佳與容易感冒的體質，讓婷婷從小就與藥罐子為伍。保護眼睛的葉黃素、改善體質的益生菌、健胃整腸助消化的酵素、提高免疫力的綜合維他命、鈣片……只要有人推薦，媽媽就會趕快買回來讓婷婷吃吃看！

　　不只如此，媽媽對於生活起居更是噓寒問暖，大小事都照顧的無微不至。除了天天親自接送上下學，起風了趕緊跑到學校送外套；剛開學狠下心讓她跟大家一起訂營養午餐吃，想想不夠營養新鮮，還是常常拎著便當送水果鮮奶小點心，時間久了，警衛先生乾脆揮揮手，直接放行讓媽媽送到教室門口！

　　婷婷的老師們都有個默契，接近下課時間，就會看到媽媽站在後門頻頻點頭打招呼，等著詢問老師婷婷的最新狀況：「上課座位是不是有被前面同學擋到，看不清楚黑板上的字？中午

食慾好不好？體育課有沒有太高難度的要求或危險的活動？班上有沒有比較特殊有攻擊性的小朋友，自己文靜的女兒遭受威脅？」

婷婷從小在這樣過度保護下長大，雖然很乖不吵不鬧，看在老師眼裡，總覺得這孩子少了一點什麼？功課按時繳交，課業表現中等，上課很少發表意見，凡事興趣缺缺，對融入團體也不熱衷，下課時間就一個人在教室裡閒晃，不會想拿故事書看或找個人聊天。因為這樣的緣故，婷婷像個班上的隱形人，人緣並不好，坐在她旁邊的小朋友，一段時間後，常會垂頭喪氣走到老師跟前，拜託老師幫忙換位置，理由是坐在冷漠的婷婷旁邊很無聊，而且久而久之自己心情也會跟著變不好！

有一天，老師終於跟媽媽提起婷婷的狀況，詢問媽媽是否同意讓婷婷接受輔導老師的諮詢，媽媽大惑不解地問：「我的孩子很好啊！不吵不鬧，叫她吃就吃，要她穿就穿，請她幫忙她就做事，該寫該做的功課，都老老實實做好。這樣乖巧的小孩，怎麼可能需要輔導？」老師耐心的跟媽媽解釋一切的不尋常，並請媽媽注意婷婷那雙水汪汪大眼睛裡空洞的眼神。

媽媽這才發現，原來自己的女兒，不只有四肢冰冷，在她長長的睫毛下，那黑白分明的大眼睛，的確從來沒有閃耀過興奮的光芒！婷婷沒有吵過要買什麼玩具；沒有羨慕過同學的物品；沒有任何的渴望與夢想，也沒有想去的地方。天啊！這個小女生從來沒有真正地活在當下！每天每天，就像一個漂亮的

洋娃娃，像行屍走肉般任人擺佈、逆來順受。

　　與輔導老師聊過之後，媽媽開始調整親子間的相處模式，慢慢修正自己對早產兒過度關心的責任感與經年累月的愧疚感。除了讓婷婷在學校接受正規的心裡輔導外，自己也開始多方面涉獵相關書籍。一段時間下來，感覺遇到瓶頸，無法再進一步改善親子關係。因為許多兒童心理方面的書籍，建議由父母本身改變教養觀，同理孩子的內心世界，從中找出親子雙方溝通的平衡點。媽媽覺得自己本身很敞開，也切身檢討了過去的缺失，但問題出在女兒這種與世無爭的個性，因為無所求，所以獎勵沒效；因為平時表現也不至於太差，又沒有什麼機會處罰。簡直是另類的「無欲則剛」。後來開始接觸身心靈領域，意外發現有許多新觀念、新的體系，特別是巴赫花精這個純天然、沒有副作用的自然療法，特別讓初次使用的家長感到安心。說不定可以透過野玫瑰花精裡的訊息，讓她保有隨遇而安的天性，又不失對生命的熱忱，擺脫無動於衷的生活態度。

 巴赫醫師的話

　　這些人變得聽天由命卻沒有明顯的理由，虛度浮生，凡事得過且過，不想努力做些改變並從中發現樂趣，他們放棄了對生命的掙扎與努力，沒有一絲怨言。

Note
to
Self

楊柳

楊柳那蛋黃色的枝條可以隨意彎折，卻不像其他品種會
柔軟下垂、隨方搖曳。就像楊柳的情緒一般，在遭遇不
幸的時候，雖然強迫自己忍耐，卻不免散發愁苦自憐的
怨念，將一切歸咎於命運的不公與宿命的安排，認為自
己是倒楣的犧牲者。楊柳花精可以幫助我們在困境中能
屈能伸，接受自己的命運後，才有智慧可以創造自己的
命運。

Willow

one of the second nineteen

19

怨天尤人　　雯雯

　　雯雯臭著一張臉，坐在安親班的櫃台前，痴痴地望著牆上的時鐘，看著同學一個一個被父母接走，心裡越來越不是滋味。想到莉莉的媽媽可以不用上班，常常帶著幼稚園的弟弟到校門口等她放學；琪琪的媽媽帶她去上好玩的畫畫課；妮妮有哥哥跟姊姊陪她玩，自己呢？不但家裡只有自己一個小孩，爸爸媽媽還都是上班族，每天都到七八點才匆匆忙忙地來安親班接。

　　今天是我的生日耶！一個禮拜前就偷偷觀察爸爸媽媽有沒有注意到這件事，豎起耳朵偷聽他們要怎樣幫我慶生，還找機會指著電視裡的娃娃屋廣告跟爸爸說自己好想要，可是連續幾天下來，發現他們倆個人根本就不在乎，完全不關心自己唯一的女兒，一定忘記今天是我十歲的生日。

　　唉！為什麼我這麼不幸，生在這種爛家庭？為什麼我們家這麼窮？一樣是獨生子，我跟彬彬簡直是天壤之別，上次參加彬彬的生日派對，發現他們家好大，他有好多玩具，家裡還養

了一隻狗。為什麼我們家這麼窮？住沒有電梯的小公寓，沒錢出國玩、沒錢讓我學鋼琴、沒錢幫我舉辦盛大的生日派對、也沒錢買轎車，每次跟爸爸媽媽三個人擠在機車上，都覺得好丟臉，好怕被同學看到！哼！都是爸爸不努力賺錢，媽媽也不願意犧牲奉獻留家裡做家事，屋子裡總是亂七八糟，碗盤忘記洗，衣服來不及收，生活品質很糟糕！這樣的生活，叫我怎麼靜下心來念書，難怪我的心情總是不好，每天都高興不起來。既然生了我，為什麼不好好地關心我、照顧我？讓我天天處在這種悲慘的生活中，受到許多不公平的待遇。

忽然想到，今天早上彬彬的戰鬥陀螺被老師沒收了！活該！誰叫他老是喜歡把玩具帶到學校炫耀，反正他們家有的是錢，再買一模一樣的也沒有什麼關係！琪琪跟妮妮上課講話被老師罰站，也是她們罪有應得，誰叫她們校外教學寧願選君君也不跟我一組？害我最後只能跟膽小鬼小玉還有無聊的婷婷一組。吼～好倒楣喔！這樣誰想參加啊！我到底做錯了什麼事？為什麼老天爺要讓我過得那麼悲慘？

「雯雯！媽媽來囉！」安親班老師說。「喔！」雯雯翻白眼應了一聲（現在都幾點了，才來接我）拿起書包忿忿不平地走出去。爸爸掀開安全帽，伸手接過雯雯的書包說：「雯雯！誰又惹你啦？」雯雯沒好氣地說：「全世界啦！」媽媽搖搖頭：「雯雯，不可以這樣跟爸爸講話！爸爸還說等一下帶我們去外面吃飯，幫妳慶生耶！」雯雯說：「誰想去啊！什麼爛生日，

沒有生日派對就算了！連一個禮物都沒有，也沒有幫準備糖果帶去學校請大家吃，誰要跟你們去吃飯啊！」媽媽說：「如果妳想要這些，可以早點說讓我幫妳準備啊！」雯雯說：「這就表示你們沒有誠意！」

這種態度，激怒了好脾氣的爸爸，取消了外食計畫，決定先回家再說。雯雯一點也不覺得自己有什麼不對的地方，反而更加不諒解自己的父母，竟然在生日當天處罰壽星。

機車在小阿姨家門口停了下來，媽媽臨時改變主意，希望小阿姨可以幫忙處理雯雯的壞脾氣。全世界大概只有懂花精的小阿姨可以讓雯雯打開心房，無話不談吧！爸爸一肚子氣，坐在小阿姨家的沙發上吃著外送的 pizza。媽媽則是什麼東西也吃不下，感覺自己被壟罩在雯雯所帶來的低氣壓裡，想到自己蠟燭兩頭燒，兩邊不討好，也自怨自艾了起來！

小阿姨將雯雯帶到書房，一邊用稀釋後的楊柳花精清潔傷口，一邊跟雯雯說：「雯雯！妳知道小阿姨是社工人員吧？這個星期日，妳要不要跟小阿姨去一趟育幼院呢？」看雯雯態度軟化，點點頭願意一起去，小阿姨繼續說下去：「其實在小阿姨眼中，妳是個很幸運的女孩喔！妳有一對好脾氣的父母，他們雖然不太擅長表達對妳的愛，也常常忙得焦頭爛額，粗枝大葉地忽略妳多愁善感的心，可是他們從來不曾動手打過妳，也不曾對妳歇斯底里地大吼大叫。雖然他們沒有辦法提供妳優渥的物質環境，可是我相信妳看得出來，他們在為這個家庭的未來

努力打拚。育幼院裡的小孩，許多是沒有父母，或是父母根本沒有能力照顧他們，甚至是被社工人員從暴力的家庭裡面救出來的受虐兒，還有一些是天生殘缺的棄嬰。可是雯雯，妳如果有機會跟我去探望他們，就會發現，一個破舊的洋娃娃、一枝新的鉛筆、跟一本故事書、甚至是一小包糖果，就會讓他們高興地圍在妳身邊又叫又跳，不停地道謝，開心的不得了。」

　　小阿姨拿出一瓶楊柳花精，繼續說下去：「這瓶楊柳花精送給妳當生日禮物，好嗎？」雯雯低著頭，默默伸出手接下這瓶不起眼的花精。「它可以幫助妳，更滿足於自己所擁有的幸福，也更容易感知到父母同學對妳的愛，並且體會到自己的不幸，其實有它們發生的道理。可能妳現在還小，或許不太能理解小阿姨的話。那麼，換個方式講，這是一瓶可以讓妳『知足常樂』的花精，也是一瓶會讓大家會越來越喜歡妳的花精喔！」

 巴赫醫師的話

　　這些人在遭遇逆境和不幸時，很難不去批評和怨恨，而且無法接受事實，她們會以成功來評斷生命的價值。他們覺得自己不應該經歷如此大的試煉，那是不公平的，因而變得怨恨。他們經常會對之前感到快樂的事物，越來越失去興趣與活力。

急救花精（Rescue Remedy）

　　巴赫醫生在 1930 ～ 1934 年間住在克洛蒙一棟可以看到海的房子，附近也剛好是緊急救難隊。1933 年某天，從窗戶看到救難人員將溺水的水手搶救上岸。巴赫醫生迅速衝進廚房，混合了五種花精，衝向海邊，撥開圍觀的群眾，蹲在昏迷水手的旁，輕輕地將五種複方花精，少量多次塗抹在他的嘴唇上。

　　依照當時的醫療技術與當地的醫療資源，這位水手剛被救起時危急的狀況，存活機率不大。想不到這位水手經過巴赫醫師的急救後，不僅恢復了意識，稍晚還到附近紅獅子酒吧喝酒壓驚，和友人分享自己遇難的遭遇。這件事轟動了整個克洛蒙地區，透過當地居民口耳相傳，巴赫醫生的醫術聲名大噪，他所使用的花精也一炮而紅。

　　急救花精一開始並不是巴赫醫師設定的第三十九瓶花精，在巴赫醫師的著作和文稿中，也沒有記載過急救花精是如何發現，以及為什麼要使用這五種花精來做為急救配方？直到他的助手諾拉・維克斯（Nora Weeks）將這個配方公諸於世，才出

現 Rescue Remedy 這個急救花精名字。這個配方也成為巴赫花精中,最為暢銷的明星商品。

因為它鎮定緊張情緒功效,讓製造商決定長期推出方便大家使用,成為巴赫花精系統裡最有名、最暢銷、同時也最被廣泛使用的花精!不過或許是愛用者熱情推薦,分享神奇的使用效果,或新手入門想買來體驗看看花精的效果。光看它急救大名,就覺得應該多買幾瓶隨身攜帶以備不時之需。小孩大哭不止、吵架心情不好、暈車嘔吐、發燒頭痛、失眠憂鬱等,只要遇上看似緊急狀況,不知道該用什麼處方,馬上拿出隨身攜帶的急救花精,效果有時直比靈丹妙藥,讓人讚嘆不已。有時卻效果平平,一點感覺都沒有,令使用者百思不得其解。有些人還因此全面否定整套巴赫花精的功效,實在是件令人遺憾的事。

本書分享使用急救花精的訣竅,就是要幫助大家抓對時機,使用起來就會得心應手喔!

複合花精的成分與使用時機

岩 玫 瑰 受到驚嚇、恐慌

聖 星 百 合 創傷後症候群

鳳 仙 花 急躁 過度反應

鐵 線 蓮 震驚、昏迷

櫻 桃 李 歇斯底里、瀕臨喪失理智的臨界點

如果我們可以分別由組成急救花精的五種成分，了解它們在處理危急狀況所扮演的角色，那麼便能確實掌握何時是使用急救花精的最佳時機。在緊急、慌亂、躁動不安的狀況中，深切感受到它立即且快速的神奇效果。

鐵線蓮、鳳仙花、櫻桃李、岩玫瑰和聖星百合，分別代表我們處在緊急狀況裡的五種情緒狀態。

岩　玫　瑰　感覺大難臨頭，處於神經過度反應的狀態
　　　　　　恐慌

聖 星 百 合　不想感受痛苦，產生昏迷的現象
　　　　　　昏倒

鳳　仙　花　想立刻處理突發狀況或快速逃離現場
　　　　　　警戒

鐵　線　蓮　否認當下發生的緊急事件，試圖逃避現實
　　　　　　失神放空

櫻　桃　李　肌肉緊繃或顫抖的現象，害怕自己失去控制
　　　　　　顫抖

這樣是不是就很清楚了呢？

只要發現上述幾種情緒反應，就是給予急救花精的最好時機。不過在第一時間撫平驚嚇的創傷後，接下來可別忘了配合現有的急救措施做後續治療，才是最聰明且萬無一失的處理方

法！千萬別讓急救花精的使用鑽進象牙塔裡，緊急的發炎狀況當然還是要借助消炎藥、細菌感染也強烈建議服用抗生素避免病情惡化、至於一些嚴重外傷更是要尋求外科醫療急救單位。

　　二十一世紀可以說是整合醫療的世紀，中醫擅長調整體質注重飲食養生，西醫專精於儀器檢測與緩解急性症狀，也能透過芳香療法的精油進行淋巴按摩，消除水腫與保養皮膚、民俗療法的拔罐推拿也可以幫助疏通氣血循環，甚至到廟宇教堂上香祈禱後也能帶著滿滿的祝福找回心靈的平靜。因此我們不應該執著於某些特定療法，既然擁有豐富的醫療資源及暢通的訊息管道，當然要藉助每種醫療管道的特長追求身心靈全方位的健康才是！

急救花精　達達

　　達達一家興高彩烈地準備外出用餐，陸續上車後卻聽到達達爆出好大的哭聲，媽媽不解地回頭詢問：「達達怎麼啦？」爸爸轉頭說：「你是不是把手伸到門邊？」達達早已滿臉淚水鼻涕，抓著自己的手掌，什麼話也不說就是嚎啕大哭。爸爸跟媽媽說：「我關車門的時候好像夾到他的手。」

　　「什麼？夾到手！」媽媽要大家通通下車，帶達達到明亮的電梯間檢查傷勢。全家慌亂地站在入口處等待。爸爸在達達歇斯底里的哭聲中，想起達達細小的手指怎麼禁得起自己關車門的力道！只見爸爸雙手抖個不停，試圖在成串的鑰匙中拉出感應器，卻因為太過緊張讓整串鑰匙掉到地上。

　　好不容易開了門，大家手忙腳亂的進入電梯間，在燈光明亮的梯廳中幫達達檢查傷勢。只見達達的手指腫脹充血，足足是正常手指的兩倍大。達達看到自己的手指變成這樣，又驚又怕，嚎哭得更大聲了！

爸爸著急地拉著達達，說要馬上到醫院掛急診，媽媽卻說手指沒有骨折的跡象，決定先回家塗急救花精霜，再往急診室出發。進了家門，媽媽從冰箱裡拿出大容量的急救花精霜，厚敷在腫脹的手指上。冰冰涼涼的急救花精霜，瞬間轉移了達達指頭上的火辣刺痛感，花精霜裡撫平恐懼的訊息也安撫了內心的驚嚇。達達震天價響的嚎哭，漸漸轉變成輕微的啜泣。

　　爸爸在慌亂中，遍尋不著達達的醫療補助卡，心裡不停想著：如果達達的手指斷掉了，該怎麼辦？哥哥從頭到尾臉色發青，頭腦一片空白地看著弟弟受傷的手指，不敢相信這一切竟發生在弟弟身上。自己的心臟砰砰跳個不停，又看大家嚇得六神無主，慌得像熱鍋上的螞蟻，一事無成，媽媽簡直快氣炸了！叫大家先到車上等，左手抓著媽媽包，火速找到證件、拿著花精、還有手機、衝出大門和車上的家人會合。處理完急救措施後，自己有種虛脫的感覺……忽然想到，整起意外事件，不只是達達受傷，全家人其實都感同身受，經歷了大大小小不同程度的驚嚇啊！意識到這個狀況後，趕緊在自己嘴巴裡噴了四下急救花精，做幾次深呼吸後，急中生智將四滴急救花精滴入水壺，讓大家在路上輪流傳著慢慢喝。趕到醫院後，看到急診室裡衝來衝去的醫護人員與混亂的場面，相較之下，剛剛嚇壞的一家人，現在倒顯得鎮定從容許多。

　　準備進行 X 光攝影的醫生狐疑地問：「請問弟弟是左手被車門夾到嗎？」爸爸說：「是啊！怎麼了嗎？」醫生說：「可是

他的手指扭來扭去的，不太像剛被夾到的樣子耶！」爸爸探頭過去看達達的手，不安分地在機器上扭動，不復見剛剛那根腫得像小香腸的手指頭，轉頭問媽媽：「是左手嗎？」再拿起右手確認，是左手沒錯啊！怎麼完全看不出來有被夾過的痕跡？看過 X 光片，確認沒有大礙後，一夥人總算可以放心離開急診室。達達將冰袋交給哥哥說：「哥哥，你想要玩冰塊嗎？我的手指頭不需要冰敷了！」

急救花精霜（Rescue Cream）

　　除了複合花精裡原有的五種成分外，另外野生酸蘋果這個花精，它具有淨化、排除毒素的效果。因此顧名思義，當我們處於被入侵（蚊蟲叮咬、碰上過敏源）、輕微燒燙傷（碰到高溫物質、劇烈疼痛、也算是一種緊急狀況）、瘀血（因受到撞擊導致微血管破裂）都有效果。

　　巴赫醫師認為所有花精都可以加入乳霜調和運用，乳霜的型態相較噴霧的複合花精來說，能長時間停留在皮膚表面，也能持續發揮效果。唯一要注意的是，如果有開放性的傷口（血流不止、化膿，或細菌感染的可能性）就要特別注意乳霜的選擇，選用無香精、無色素、無人工添加物並且還在使用效期內的基底乳霜。坊間現有的複合花精基底乳霜大致分為兩大類，一類運用同類療法原理製造，不含任何西藥止痛成分與化學添加物與防腐劑，但親身的使用於處理異位性皮膚炎或濕疹抓傷後的大片傷口，以及處理過的青春痘傷口上會有強烈的刺痛感。現在的小朋友都很聰明，只要第一次使用經驗不佳，下次看媽

媽從包包裡拿出會刺痛的廠牌，馬上尖叫逃走。

　　至於另一家複合花精乳霜的基底是使用杏仁油，並添加金盞花的成分（可以促進傷口快速癒合）它不會產生刺痛感，但缺點是因為成分天然，特別是容易接觸到空氣的大容量包裝，在潮濕的亞熱帶氣候環境容易氧化變質產生油耗味，建議放置於冰箱保存。我的冰箱裡常備罐大容量的罐裝花精霜，冰冰涼涼的專門用在媽媽的職業傷害 — 廚房燒燙傷、還有孩子們的扭傷、撞傷以及舒緩大片的蕁麻疹搔癢症狀。

　　在我的使用經驗中，複合花精霜的效果取決於塗抹的時機與厚敷的方式，如果能在碰撞或燙傷的第一時間，以較多的量厚敷於受傷區域，確實能產生絕佳的去瘀效果，以及大幅降低紅腫與水泡的生成，甚至能消除跌倒扭傷的腫痛現象。相反的如果受傷一段時間才想到應該使用複合花精霜，隨著時間越久，效果就越不明顯。

　　所以我會為家中每個孩子準備一罐小小的真空包裝複合花精霜，並提醒他們遇到上述狀況的時候趕緊自行使用。至於曾經在我包包裡待命過的複合花精霜們，每次都成為我伸出援手的小禮物，成為推廣花精的最佳代言人。因此也好希望每個媽媽、每個保健室、每個老師都知道該怎麼使用這個產品，造福每個調皮搗蛋或不小心受傷的孩子。

急救花精霜　真真

　　真真一家趁著暑假，一起到印尼峇里島度假。考量到真真年紀還小，這次的行程安排很輕鬆，大部分留在 Villa 裡悠閒的度過。這麼戒慎恐懼是有原因的，真真雖然是個三歲小女生，和同行的幼稚園大哥哥們比起來卻一點也不遜色。大家衝她跟著衝……然後跌倒受傷！大家在床上跳來跳去，她也跟著起鬨……然後被撞飛！什麼抽屜都想開開看……然後被夾到手！只要看到新奇的東西，就會忍不住伸出小手，摸了再說！

　　真真的父母好不容易熬了三年，等真真稍微懂事了一點，知道做錯事會被罰站、罰休息，也知道有時候該等大人說可以，稍微能講道理了，才敢開始安排期待已久的海外旅遊。至於被真真天不怕、地不怕的頑皮冒險精神訓練出來的超大顆心臟，則再也不敢想是否要生第二胎。只要親友問起什麼時候要為真真添個弟弟妹妹，夫妻倆就嚇得翻白眼、頻搖頭，這個女兒真的太難帶了，生一個就嚇到不敢，只希望真真趕快長大，好求

得解脫。

　　有驚無險地度過前幾天，雖然真真還是一如往常的大傷小傷不斷，傷勢也依然都控制在可接受範圍，擦擦急救花精霜、貼貼 OK 繃、再來個抱抱呼呼，這個小孩倒也容易安撫，跟她說聲：「痛痛，飛走了～」就破涕為笑，溜下大腿自己跑去玩。

　　行程的最後一天，請飯店安排了市區觀光，到是傳統市集走走逛逛，順便採買一下伴手禮。媽媽說她要去家樂福買幾包 Softex Hello Kitty 衛生棉，不等豬隊友提出佔行李空間的質疑，馬上強調這個衛生棉非常厲害，本體居然印有 Hello Kitty 和花朵圖樣，生理期間使用具有萌萌的療癒效果，可以有效舒緩煩雜的心情。（受害者馬上同意還加碼贊助支持 Kitty 迷把握機會多買幾包）

　　爸爸說那他要去直營店買幾件穿了會很賤、走路會有風的大馬 POLO 衫，出發前在網路做功課的時候發現，旅遊部落客都說他這種「標準體型」很容易尺碼不全，和台灣專櫃比起來折扣非常多，現場只要 Size 對就要包色。媽媽說：「太誇張！如果你以後發胖穿不下怎辦？」爸爸斬釘截鐵地說：「不可能！自從生了真真以後，每次都是他負責追小孩，三年來已經瘦了七公斤，人家邁入中年都幸福肥，只有他操勞瘦，其實也有考慮要不要連小一號都包色。」（發現被太太狠瞪趕緊識相閉嘴，以免行程無預警取消）

　　再買幾樣 Batik（傳統服飾花色）筆記本回台灣分送親朋好

友，誠意十足、實用又有紀念價值，最後就再吃個 J.CO 甜甜圈，喝杯滿滿綿密泡沫的印尼拉茶消暑，就皆大歡喜打道回府，心滿意足回飯店打包行李。

「哇～哇～哇～」的讚嘆聲伴隨著服務員的拉茶神技，左邊拉、右邊拉、忽高忽低、一邊轉一邊拉，還可以同時拉兩杯，看著滾燙的奶茶有驚無險的在表演者周圍拉出一道道冒煙的茶色弧線，衷心佩服這種千錘百鍊的職人精神。表演結束，服務員一一為大家把香濃的奶茶高高地拉入眼前的杯中。

意外總是發生在稍微鬆懈的一瞬間，好奇的真真早就對叔叔的表演充滿興趣，奶茶剛倒滿，不待媽媽反應過來，眼明手快的真真馬上伸手撈杯子，失手打翻了奶茶，整杯滾燙的奶茶瞬間翻倒在桌面上，流向真真的胸口，大家一陣慌亂起身閃避，可惜坐在媽媽腿上的真真，早就被奶茶燙得淒厲爆哭，正在表演的服務員嚇得手也不聽使喚，將奶茶抖得滿桌都是，濺到同桌那些大受驚嚇的客人身上。

抱著真真的媽媽，轉頭叫爸爸快一點拿出複合花精霜，一隻手將溼透的上衣撐開，並伸手示意爸爸將花精霜擠在手上「多一點」「多一點」「全部擠出來」「再多一點」先將滿掌的複合花精霜厚厚塗滿真真整個胸口，才開始將原本的上衣換下。真真的哭聲漸漸轉小，變成微微地啜泣，餐廳的工作人員在一陣吆喝中，直到這個時候才送上一條溼毛巾，只見這個小女孩噙著眼淚，指著杯子要奶茶喝。一看到溼毛巾送上來，本來急

著把真真抱去沖冷水的媽媽，看見真真竟然冷靜下來，當機立斷決定先稍微擦拭一點胸口厚敷的花精霜觀察傷勢，再決定後續處理。

　　想不到整桌的人，親眼目睹濕毛巾擦過的區域，只剩一點淺淺的紛紅，絲毫沒有因為燙傷產生水泡，真真就一邊讓大人敷著冰涼的濕毛巾，一邊喝著香甜的奶茶，也絲毫沒有受到驚嚇的樣子。簡直是太神奇了！不只是同桌的客人，連餐廳的服務生都湊過來問剛剛擦的是什麼神藥？想知道在哪裡買！

　　實戰經驗豐富的夫妻檔看危機解除，連忙翻找包包裡的複合花精，先給自己來上四滴，處理一下飽受驚嚇的心情。看著眼前這位麻煩製造者頻頻搖頭嘆息：「唉！又被她用完一條複合花精霜了！」

Part 3

一些常見的問題與使用心得分享

直接將花精滴入口中效果是否會比稀釋過後好？

巴赫花精是一種訊息醫學，並不會因為稀釋而有能量遞減的現象。水是乘載訊息很好的物質，故經過稀釋後的花精藉由大量且活躍的水分子，反而會有較好的效果。

一次的配方可以加入幾種花精？

巴赫醫師曾經在某次處方加入九種花精，但在他的著作及臨床個案紀錄中，並沒有明確的指示。處方中如有過多的花精種類，雖然效果較為全面，但對於使用者卻效果普通甚至沒有感覺。相反的，處方中的花精種類越少，效果會越明顯快速。

該怎麼為對方選擇花精配方？

最重要的觀念是不要用主觀想法試圖改變對方。尊重接受者現階段整體的狀況，視對方的需求給予，將會有比較明顯的反應。

何時該改變花精配方？

拿到並服用傳統建議三週用量的配方瓶後，並不一定要確實服用完畢。假如在過程中，有新的負面情緒產生，可以先使用緊急給藥的方式，待新的負面情緒緩解後，再檢測自己是否還需要原來的處方。是的話，則繼續服用，如果改變，則需要重新改變配方。

酒精過敏怎麼辦？

巴赫花精中的白蘭地主要是防腐的作用。但對於一些酒精過敏或宗教因素的人而言，有以下幾種應變方式：

可將配置好的花精隔水加熱，待酒精揮發後再使用。

可將花精滴在水中泡澡或敷貼，建議酒精過敏者先做過敏試驗。（以棉花吸取稀釋後的花精，敷貼在手腕內側，幾小時後觀察皮膚的變化。）

英國 Nelson 藥廠有出產不含酒精的花精錠劑。

花精中的酒精對孕婦或胎兒是否安全？

因為每次的花精配方劑量很少，加上稀釋後所含酒精濃度降低，幾乎與蔬果在室溫中發酵所產生的酒精濃度相差無幾，因此微量的酒精濃度並不會危害孕婦、胎兒及嬰幼兒的安全。（筆者在三次的懷孕期，都有持續使用花精的經驗。）

花精是否可以與中西藥物併用？是否會有抗藥性或依賴性？

某些中西藥物併用會產生毒性或副作用。巴赫花精的作用方式，並非仰賴其中的化學成分，可以與中藥或西藥物併用，不會產生副作用或抗藥性。

是否會有依賴性，則取決於使用花精的心態，如果只是將花精當作調和負面情緒與治療身體病痛的一項工具，卻沒有藉著花精深入了解自身疾病產生的原因，遇到問題便尋求諮詢師

協助開立處方，或緊急使用花精，便是一種對花精的依賴。

開錯配方是否會造成負面影響？

服用錯誤的花精配方並不會有負面的影響與副作用，只是沒有感覺而已。

為什麼使用花精沒有效？

沒有找到真正的問題

對花精的認識不夠，處方錯誤

期望太高，太過心急

心態錯誤（懷疑、猜忌）

使用花精，還需要吃藥嗎？

目前全世界的花精使用狀況，可以說是越來越廣泛。常常可以在歐美的有機超市，看到架上公開陳列販售巴赫花精，不需要醫師，也不需要諮詢師，只是簡單的在旁邊放著一疊使用說明，方便大家自行選購。十幾年前在美國的我，就是在這樣的場合，與巴赫花精相遇。

使用說明很有趣，寫了一些東西：因受拘束而感到煩躁，性急緊繃沒耐心，那麼你需要鳳仙花；無法在兩者之間抉擇，優柔寡斷朝三暮四，那麼你需要線球草；突然沒來由的心情鬱悶，猶如烏雲罩頂，那麼你需要芥末。

抱著好玩的心情，而且一瓶價格也不高，主要成份：白蘭地，水，雖然有些疑惑，基於好奇心，還是挑了幾瓶帶回家，心想就算沒效，當酒買醉也不至於浪費，如果有效，那還真是押對寶！就是這樣的因緣際會，讓筆者這個誤打誤撞的門外漢，體驗了花精神奇的功效，開始產生興趣，今天才得以在這裡老王賣瓜，分享經驗！

　　經過這十幾年來蓬勃發展，陸續出現北美花精、澳洲花精甚至台灣也有自己的花精系統，近年來，歐美自然療法，綠色醫藥的概念逐漸成型，花精便是其中一個很重要的角色！

　　巴赫醫師的醫學理念雖然很簡單，現在看來依舊很前衛！怎麼說呢？他認為一個人會生病，不全然是由於細菌病毒感染，抵抗力差，作息不正常，飲食習慣不佳這些老生常談的理由（雖然這些都是可能原因），最主要的原因是不快樂！

　　飛機的密閉空間裡，有人被感冒病毒傳染，有人卻不會！到東南亞吃一樣的食物，擔心受怕的大人上吐下瀉，懵懂無知的小孩卻安然無恙。有很多例子是，一個生活很規律，不抽菸不喝酒的人，竟然得肺癌！一個百歲人瑞，有可能吃檳榔，抽煙喝酒，因為他活得很開心！一個化療後的病患，因為害怕復發，日日活在恐懼之中，沒多久果然又進醫院報到；卻也有樂天知命，當義工回饋社會，遊山玩水的癌症患者，癒後良好。

　　反向思考，假使令我們生病的原因是因為不快樂！因為沒自信、猶豫不決、過度關心他人、太容易緊張等等的情緒，造

成我們不快樂，就算我們吃再多鎮靜劑，安眠藥，或再多的抗憂鬱藥物，也只能暫時壓抑症狀與舒緩病情。一旦停止服用這些藥物，讓我們不快樂的原因，又會開始影響我們的心情，我們的疾病就會再復發！其實最根本的原因是，我們尚未找到影響心情的根源，無法對症下藥，治標不治本。如果我們可以讓自己常常處於快樂的情緒中，那麼我們的身體，自然會產生強大的抵抗力，就算生病，也會有自我療癒的能力。

不過，文末還是要強調，當疾病已經產生，影響到我們日常生活時，千萬不能捨本逐末，把自己關進自然療法的象牙塔裡，因為二十一世紀是整合醫療的世紀，聰明的人必定懂得借助西醫的科學儀器與藥物進行檢驗與緊急處理，中醫時食養生概念長期調理。

腸胃炎上吐下瀉，還是需要緊急使用止吐止瀉塞劑；氣喘發作時仍要氣管擴張劑，手腳冰冷還是建議中藥調理體質，肩頸酸痛也很贊成復健推拿。某些中藥與西藥或許不能併服，但花精與這兩者合併使用完全不會有副作用，請不用擔心！

至於該讓自己與家人使用什麼花精，其實很簡單，也不用害怕選錯！有什麼負面情緒，就喝什麼花精！

使用心得分享

　　我是一個從職業婦女變成全職媽媽的案例。生完第一胎已經幾乎要放棄工作，每天下班只想趕快衝回家陪小孩，超級「羨慕」全職媽媽可以整天陪小孩，終於在生完第二胎時，如願以償換了工作，讓我成了有薪水的全職媽媽。

　　本來故事到這裡就應該每天過著幸福美滿的日子，但現實總是不同於想像。我有一個剛上小一的兒子、一個兩歲多接近三歲的女兒，每天早上送小孩上學、接著去市場、處理一點公事（我有薪給有工作必須處理）、開始準備午餐、中午接小孩放學、吃飯寫功課、陪妹妹睡午覺、過沒多久又要開始準備晚餐、弄小孩洗澡，再摸沒兩下，要準備上床講故事睡覺了，這就是我的日常。

　　一開始進入全職媽媽的日子，每天都有新鮮感，每天想著不同菜色都不會嫌煩，漸漸地開始覺得政府很不給力，幼稚園都已經上整天了為何小學生半天就得回家？！嘖、嘖、嘖，看到哥哥寫作業拖拖拉拉，就算寫好了也歪七扭八，無名火就來了！小女兒一直搬玩具，把家裡搞得滿地都是玩具，收完沒幾分鐘又滿屋玩具，漸漸地開始有「小孩好煩」浮現腦海，也終於懂了全職媽媽對職場媽媽的「羨慕」。

　　時不時我腦中的小惡魔會跳出來說「這不就是你當初追求的生活嗎？」是啊！當初辭掉工作回到家裡，想的就是當個溫暖的媽媽陪著小孩長大，現在怎麼沒了熱情開始厭倦了呢？反覆思考這個問題的答案就是：小孩沒有改變，他們依舊是又調皮又搞笑又可愛的小孩，是我們累

了、我們變了、我們的情緒失控了。

　　私下問了林老師關於花精的事，不了了之又過幾個月，一個循環過後，小惡魔又來了，我再去煩了林老師一遍，這次我決定相信花精可以讓我快活過日子，買了整套，心想總有一個能解決我的問題吧！一向習慣自己閱讀自己研究，所以我同時買了相關書籍，每天翻書也是一種心情放鬆的方式，反正至少我還有林老師可以依靠。

　　我的花精使用心得是一首先要先從自省開始，誠實地面對自己，找到問題所在，才能對症下藥。最惹我上火的就是本人的急性子見不得做事拖拉的兒子，每天還沒來得及滅火就又起新火，別人最好照我的建議做，不然註定要浪費時間且終將失敗。即使我給的建議真的都快又有效率，但我內心的另一個聲音卻是叫我放手讓小孩嘗試失敗，有所學習。

　　於是我為自己選了幾種花精，從減少控制別人的慾望、不要用放大鏡看別人的缺點、到做人不要太鐵齒執著，漸漸的，我又可以再次喝著咖啡欣賞兒子的脫線，享受當媽媽的樂趣。至此我只覺得花精能幫助我自省就很棒了，直到有一天我兒子問我這是什麼？我告訴他花精的事情，他問：「我能喝嗎？」接著我和他一起研究脫線專用的花精，選了栗樹芽苞，每天上學水壺都要我加幾滴花精才願意蓋上蓋子，就這樣過了一陣子，我也在他身上看到某程度的效果。脫線哥雖然仍然會忘東忘西，但以前是忘在學校、忘在英文班傻傻分不清楚，現在卻可以清楚說出東西在學校就不見了或者第三節課我就找不到了這種精確的答案。

　　花精啊！妳真是神奇！有一次母親到家裡來抒發情緒，她是非常容易感到卑微的人，心理上常常有為人做了許多，事後感到對別人不平衡。倒水給她的時候，忽然想起可以順便用花精舒緩她的感受，最後選了楊柳，短暫安撫了老人家的情緒。

　　如果意識到你正被情緒拖著走，那試試花精吧！如果你喜歡聽別人用說的，那找林老師吧！──文琪

遇見巴赫花精，是一件無比美好的事。這是一個大自然的寶藏，蘊藏著光與愛，陪伴我穿越人生的低谷。

　　遇見玫均老師，是另一件無比美好的事。她用馬鞭草的激情，鳳仙花的效率，指導我們更深入地認識花精，運用花精。讀玫均老師的花精小故事，隱藏在字裡行間的是對心靈成長的引導與幫助！

　　花精是我們家的日常用品，每天或是觀察情緒和身體，或是抽花精卡等方式，我都會給家人準備好當日的花精配方。

　　讀小學的兒子是我花精實踐路上的最大支持者，他已經習慣了每天水杯裡都有一絲白蘭地的味道，遇到大大小小的問題或困惑，也會主動向我尋求花精的幫助。

　　前陣子，兒子要做學校的升旗儀式主持人，認真準備了好幾天。當天早上醒來，他說挺緊張的，問我如何能緩解。我想用輕鬆點的方式，就讓他抽花精卡，說看看今天那個花精會幫助你，其實我內心想到的是溝酸醬。就是這麼巧，他抽到的就是溝酸醬。因為兒子本來膽子就不大，恐懼一族的表現基本都有，我會不時給他使用這些花精。此刻，他害怕的是上臺在眾人面前主持這一件日常的事，所以溝酸醬很適合。於是，給他滴兩滴在水杯裡，並帶到學校去飲用。晚些時候，老師發來主持照片，我看著覺得還不錯。晚上回家問他，他回饋在開場前，他還是緊張，就頻繁地喝著花精水，逐漸有些平復。雖然在臺上還是會緊張甚至差點漏了句話，但他覺得內心有一股勇氣支撐著，並且特別高興和有成就感。

　　花精還有很棒的功能，是讓我們看見。有一段時間，兒子總是抽到橡樹。我起初不覺得，多了幾次以後我就有些疑惑，因為他平時和我們的溝通交流中沒有提壓力很大。當又再一次抽到的時候，我和兒子進行了一次深談，原來對於一個英語考試認證課程，他給了自己很大的壓力。儘管我們一直說這個課程只是學習，有沒有考好都沒有關係，但他給自己的訊息是，如果考不好，可能會影響他之後的升學。說著說著，他就

哭了。我和他爸爸這才意識到，平時我們的隨意交流，可能給孩子留下的是一些不必要的壓力和煩惱。當晚，我們倆和他認真地暢談，交換彼此的想法，一點點消除他的顧慮和擔憂。一開始，他並不同意放棄考試，依然要求自己。期間一直使用橡樹，他的想法逐漸動搖。最終，我們達成共識，不去考試了。那一刻，我可以很清楚地看到，他的整個身心一下子釋懷了。之後，他還是會督促自己學習，但同樣在看一本書，神情是愉快和放鬆的。後來，好久沒有再抽到橡樹。我很感激花精，讓我能夠及時得知這些隱藏著的訊息，從而找到方式去影響或改善。

　類似這樣的故事還有很多，使用花精不是為了改變孩子，而是為了幫助孩子成為更好的自己，也讓我們成為更好的父母。—過嫦圓 Irene

世界上唯一不變的事就是「變」的本身。 巴赫花精讓我深深體會「不要以懷疑過去作為經驗，信任自己對事情的感覺，那麼就不可能出錯。」——溫欣潔 Judy

　整晚兄弟倆不停爭執，睡前又爭相要我抓背，累積許久不悅的我，情緒瞬間爆發。嚇的哥哥埋頭啜泣，弟弟嚎啕大哭，冷靜後，我起身倒杯白開水滴入櫻桃李及聖星百合，哥哥喝了幾口，跟我道謝後，默默的睡著了，弟弟因為搶著喝，不小心把水打翻，他的手一直輕輕摸著被浸濕床單，不一會兒竟也安靜的睡著。這就是媽媽的花精日常，有花精真好。——Ling Chen

花精對心理情緒的深入探討，讓我更懂得傾聽自己內心的聲音
適時導正自己的錯誤思想與生活態度，進而改善身體健康。
「人因自己而受苦」改變了自己一切就會改變～
我愛我的老師，我更愛她用運用花精傳遞愛，因為那是一份堅定又後勁
十足的影響──獻給改變世界的妳　雪麗　2018

學習花精，讓我更加瞭解自己。在工作上我是橡樹性格，總是太投入
工作而忘了身體的感受，當天喝了橡樹花精後，我就有濃濃的睡意襲
來，傍晚時就昏睡，晚上醒來吃個飯，又繼續睡，隔天醒來，勤跑廁
所，我對這一切的改變實在驚嚇，但老師跟我說因為橡樹花精要提醒
我，我的身體需要休息，也不能因 繁忙的工作而忍住不去上廁所。
另外我從事幼兒教育，我也會使用花精，來幫助孩子將情緒穩定下
來。──Carol

初接觸花精課時，不免抱著一絲懷疑，花精真有那麼神
奇？經由老師上課生動的講解，搭配實例說明，讓我漸漸
瞭解，花精始於覺察，奠基於包容與瞭解。全然接納自己
之後，花精便能幫助我們釋放自己的靈魂，邁向巴赫醫師
的自我療癒之路。──Hung Promise

因為花精我學會輕輕放下，目送過往的遺憾蒸發，就像
陽光灑落心底。──Maggie Chai

學會觀察並感受自己的每一個情緒

學會接受自己的缺點

學會有同理心並能理解他人

每一天的生活更踏實更自由

我們很多時候的擔憂和抱怨其是來自於我們對他人的一個不信任。這種不信任根源其實是對自己的不信任。自我認同感低的時候會越容易去評判他人，從而去誤解別人的意思，導致我們和家人、朋友甚至戀人之間總是出現大大小小的矛盾。

每一種植物和動物都會有不同的性格外貌，玫瑰雖然美麗可是它帶有刺，當你要去採摘它的時候，你就會受傷；猴子雖然長得有點醜，手臂很長但是他臂力很強壯可以讓身體變得靈活。

同樣我們的個性和情緒沒有固定的標準，我們不能非常的憤怒或總是保持興奮的狀態，也不可以對任何的事情保持安靜那是麻木沒有感覺，這樣都是極端的、不正確的。

我們不是被機器批發生產出來的產品，我們具有記憶、情感和個性。 我們需要瞭解並接受自己的情緒和缺點，使我們更加瞭解自己，正確使用自己的「武器」，不是一件很好的事情嗎？當我們瞭解了自己才能真正的理解他人。—— Judy

每個人都會從生活中收割各式各樣的壓力，形成一道道個人專屬的情緒波長。花精是自然的恩典，能穩定起伏不定的情緒，在不慌不忙的日常中堅強，真美好。——Jill

巴赫醫師說：「要獲得自由，就必須給予自由」，而「獲得自由的最大挑戰常來自於家庭」。當了母親以後，深刻體驗到給予孩子自由，真不是件容易的事。我常常會以愛為名，去糾正、干預、批評、支配孩子的行為與意志。而這些意念與行為，反而讓自己陷入束縛之中而不自知。常常是孩子們和爸爸玩得很開心，我卻是家裡的掃興鬼。上了玫均老師的課，讓我瞭解巴赫醫師的理念，進而能試著如何用情緒辯證法去選擇、使用花精，徹底改變了我與孩子、先生的相處方式，家庭氣氛也因此和諧歡樂。

　　《感謝孩子的不完美》是我日常使用花精的參考書。書中以鮮明的人格特質、活靈活現的描述，簡單明瞭卻直指每種花精的核心。本書對我來說，是「感謝孩子，讓我看見自己的不完美」。它讓我瞭解，唯有用愛、寬容、勇氣與智慧去尊重孩子的選擇、情緒與感覺，看見孩子人格特質的正向美德，才能讓孩子自由的去開展他們的人生，而我也才能得到真正的自由。──Pu

　　「當我被媽媽、妻子、工作、自我的多重身份夾擊而難以喘息時，是巴赫花精把我從低潮的谷底拉了一把，恢復面對人生的勇氣。而這本書，則幫助我把這份平和與希望，進一步延伸至家庭中，協助自己的孩子們，度過他們生活中每一個難題。誠摯推薦這本書給每一位爸媽，它不只是一本實用的工具書，更是親子相處的秘笈！」──Roxy

　　巴赫花精價格平易近人，是瞭解自己，並且改善、增進各種人際關係的好幫手。──妍蓁

一直以來我在家人和朋友眼中就是個充滿正能量，而且使命必達的人。不管談心或大小事都會想到可以找我幫忙，兩性問題、親子問題、幫女兒同學做便當、幫 2、3 個級班老師佈置教室、送貨或接送司機……等等，但時間久了，身體總是會出狀況逼我休息，或是情緒大爆炸。

　　在學習花精之後才發現原來自己本身的問題很大，開著垃圾車送便當的矢車菊，大家得到的服務會是好的嗎？經由老師一再一再地提醒，我開始關心自己，開始畫我的同心圓，我到底有能力照顧保護多少人？！能替別人做多少事？！

　　一段時間後，發現向來對婆婆和善有禮、面面俱到的我，敏感地無法忍受言語上的刺激，總是忍不住回嘴的快感，但又不時出現情緒低落的現象。經過一星期的混亂，在老師的提醒下，我終於了解其實對婆婆的心情起伏就是矢車菊的軌跡，矢車菊－冬青－松樹。一邊告訴自己要改變對婆婆一切順從的服務，出現反感和攻擊性的言語，另一邊又覺得自己會不會太過份，想要掩蓋自己的罪惡感，反而刻意忽略婆婆的心情，敏感地增加抱怨，似乎是為了說服自己婆婆有多壞，所以當花精協助我看清了自己的情緒後，我改變了，三不五時幾句關心的問候，但不做多餘的服務和順從，當我心情平靜下來，我們的互動現在反而恰恰好，她知道媳婦不會主動當她的司機，或關心處理她的大小事，婆婆似乎也變得更獨立了。現在我清楚知道我願意為誰付出，付出多少。花精真的是太神奇了！

　　花精是一種訊息醫學，能夠經由正確的花精幫你找到心靈的平靜，便宜又沒有副作用。深入了解後，讓我在遇到挫折時，更能察覺自己的情緒。現在即使矢車菊的軌跡仍然會出現，但有時不需要喝花精，我就已經提醒自己做修正了。這麼神奇的學問，真的應該好好推廣出去，在此感謝老師一路的帶領與陪伴，讓我能脫胎換骨，更愛自己。－雨新

歌聲響起，笑容就爬滿臉頰，心滿滿的愛，在接觸花精之前從未如此平靜和自由過。花精給了我另一次生命，感覺自己找回了那個快樂自在的自己。即使再忙再累，生活再奔波，內心都不會浮躁。

巴赫醫師說：人只要懂得愛，充滿愛，並且懂得給予愛，就會讓自己喜悅。是的，我曾是個極度缺乏愛的人，更別說給予愛了，一直都在渴望得到愛，但是越是這樣越是適得其反。一直是個外表堅硬無比，內心卻非常脆弱的人，更別提這些年的經歷更加讓自己斑駁不堪，感謝玫均老師讓我認識花精，瞭解花精。我在短短幾個月的蛻變是我身邊的人有目共睹的，曾經的我很怕照鏡子，滿臉的疲憊和悲傷，如今的我已經退下來偽裝的盔甲，換上的是開心的笑容。

感謝花精，感謝玫均老師，給了我如此的平靜。如今的我可以抬頭挺胸的大步向前，可以笑容滿面無所畏懼的面對一切。── Sera

附錄　說不出口的小祕密

一、負面情緒

類別	表現出來的狀況	適用花精
不公平	明顯的表達出來	冬　青
	壓抑在心中	楊　柳
羨慕	內心伴隨嫉妒的感覺	冬　青
	模仿學習羨慕的對象	紫金蓮
恐懼	難以描述的恐懼，雞皮疙瘩，打冷顫	白　楊
	來自現實生活中的恐懼	溝酸醬
	恐懼親人發生不幸	紅栗花
	恐懼自己失去理性（控制）	櫻桃李
	對生死的恐懼，恐慌	岩玫瑰
厭惡	合併生氣、憤怒、忌妒、羨慕的描述	冬　青
	對他人產生怨恨與敵意	楊　柳
	自我譴責與嫌惡	松　樹
	伴隨著羞恥與不潔感	野生酸蘋果
暴跳如雷	大聲吼叫、破壞性的舉動、自我毀滅的傾向	櫻桃李
	跺腳、狠狠的瞪眼	冬　青
	希望大家照著他的意思做	葡萄藤
哭	狂亂且無法控制地嚎哭	櫻桃李
	邊哭邊瞪人	冬　青
	淚眼汪汪惹人憐愛	菊　苣
	虛弱且心碎的哭	聖星百合
	想藉著哭泣，成為眾人關注焦點	石　楠
	偷偷躲起來哭	水　菫
	對自己的行為有罪惡感	松　樹

二、特定情境

類別	表現出來的狀況	適用花精
緊急狀況	恐慌、顫抖、昏迷、歇斯底里、窒息感	急救花精
	肢體的挫傷	急救乳霜
體力透支	工作過度	橡　樹
	星期一症候群	角　樹
	精神及肉體都被榨乾	橄　欖
	瘋狂發洩後的無力感	櫻桃李
	突如其來的沮喪，伴隨的無力感	芥　末
	對日常生活麻木、不感興趣、漠不關心	野玫瑰
	創傷後的無力感	急救花精＋龍膽＋橄欖
挫折感	遇到挫折便想放棄	龍　膽
	還沒開始就先覺得沒自信	落葉松
	對過去的失敗有陰影	聖星百合
	突然覺得自己不能勝任	榆　樹
	一開始就覺得自己，根本沒勝算	荊　豆
常常送東西給別人的小孩	希望可以藉此掌控別人，當老大	菊　苣
	讓別人重視自己	菊　苣
	別人一旦開口要，就無法拒絕	矢車菊
	營造和樂融融的氣氛	龍芽草
面對困難	面對經久未癒的慢性疾病或癌症	荊　豆
	增強勇氣及信心	龍膽＋落葉松
	避免重蹈覆轍或逃避	栗樹芽苞
	紓解精神方面的壓力	榆樹＋櫻桃李
	產生躁鬱的現象	櫻桃李
	重新提起興趣	野玫瑰、野燕麥或鐵線蓮
	正事不做卻設法潔淨環境或身體	野生酸蘋果
	亢奮反應	鳳仙花

類別	表現出來的狀況	適用花精
學校	第一天上學	胡桃＋忍冬
	害怕上學（霸凌、老師、功課壓力、新環境）	溝酸醬
	發呆不專心	鐵線蓮
	拚命蒐集資訊抄筆記，成績卻不好	紫金蓮
	常常被同學利用	矢車菊
	就算生病了也要去上學	橡　樹
上台演講	腦中一片空白	聖星百合
	過度熱情激昂	馬鞭草
	聲若細蚊	溝酸醬
	滔滔不絕談論自己	石　楠
起床時間	賴床	角　樹
	急急忙忙催促大家	鳳仙花

三、展現的性格

類別	表現出來的狀況	適用花精
傲慢	想要發號施令、掌控他人	葡萄藤
	自以為是、愛批評	山毛櫸
	沒耐心、喜歡催促他人	鳳仙花
	打斷他人引起注意力	菊　苣
	想要說服他人，遵從自己的想法	馬鞭草
	自我中心	石　楠
臉紅	大部分是因為害羞	溝酸醬
完美主義	嚴以律己	岩　水
	潔癖	野生酸蘋果
	雞蛋裡挑骨頭，愛批評	山毛櫸

類別	表現出來的狀況	適用花精
結巴	害羞	溝酸醬
	沒自信	落葉松
面對髒亂環境	害怕	溝酸醬
	覺得自己被玷汙，起雞皮疙瘩	野生酸蘋果
不在乎	無所事事	野玫瑰
	整天都在做白日夢	鐵線蓮
	一錯再錯，無法從錯誤中記取教訓	栗樹芽苞
	沒目標，不知道自己該做什麼	野燕麥
自我意識	自我中心	石楠
	自怨自艾	楊柳
	熱愛權力	葡萄藤
	沒有自我	矢車菊
	給出有條件的愛，索求愛的回報	菊苣
沒耐心	急性子	鳳仙花
無法做決定	無法在兩者間做決定	線球草
	無法在眾多選擇中做決定	紫金蓮
被動	安靜且發呆	鐵線蓮
	對生活無動於衷	野玫瑰
	對生活絕望	荊豆
	容易受他人指使	矢車菊
悲觀主義	凡事不抱希望	荊豆
	懷疑自己會成功	龍膽
	沒信心	落葉松
	認為一切都是命	楊柳

四、特定議題

類別	表現出來的狀況	適用花精
被遺棄	內心創傷	聖星百合
	自我厭惡	松 樹
	反而更積極討愛	菊 苣
過渡時期	出生、斷奶、換牙、訓練大小便、搬家、出國旅遊、新生報到、父母離婚	胡 桃
不專心	幻想未來	鐵線蓮
	回憶過去	忍 冬
	學習遲緩	栗樹芽苞
	對學習沒有興趣	野玫瑰
	找不到自己的興趣	野燕麥
打瞌睡	嗜睡、愛做白日夢	鐵線蓮
	對生活缺乏熱情	野玫瑰
	體力透支、渾身乏力	橄 欖
過動	急性子、靜不下來	鳳仙花
	反覆出現某種思緒與煩惱，導致坐立不安	白栗花
	對某些行為過度熱心	馬鞭草
	責任感過重，無法休息	橡 樹
月經	覺得自己很髒	野生酸蘋果
	害怕經痛	溝酸醬
	劇烈疼痛	聖星百合
	預防經痛	胡 桃
親子議題	分離焦慮	紅栗花、菊苣、胡桃
	想家	忍 冬
	無法拒絕父母無理的要求	矢車菊

類別	表現出來的狀況	適用花精
失眠	急於完成手邊的工作	鳳仙花
	無法休息	橡樹
	怕鬼不敢睡	白楊
	怕黑、怕獨處不敢睡	溝酸醬
	腦中有反覆出現的煩惱與思緒	白栗花
	緬懷過去	忍冬
	內心苦悶	龍芽草
	覺得寂寞、想要找人說話	石楠
	覺得沒有人關心自己	菊苣
食物	偷偷躲起來吃	龍芽草
	想戒除某些上癮食物	胡桃
	對食物缺乏興趣	野玫瑰
	洩憤	冬青
	當成一種慰藉	菊苣或石楠
	囫圇吞棗	鳳仙花
	含在嘴巴裡發呆	鐵線蓮
	挑食：因為害怕某些食物	溝酸醬、岩玫瑰
	挑食：因為討厭某些食物	山毛櫸、葡萄藤
	挑食：過去的陰影 如被魚刺哽住	聖星百合

附錄 參考書目

1. Bach Edward, "Heal Thyself: An Explanation of the Real Cause and Cure of Disease.",C.W. Daniel 1996

2. Bach Edward, "The 12 Healers and Other Remidies." ,C.W. Daniel 1996

3. Julian Barnard, "Bach Flower Remedies: Form and Function." Bach Education Programme, 2002

4. Julian Barnard, "Bach Flower Remedies: The Essence Within." Bach Education Programme, 2002

5. Kramer Dietmar, " New Bach Flower Therapies: Theory and Practice.", Healing Arts Press, 1996

6. Kramer Dietmar, " New Bach Flower Body Maps: Treatment by Topical Application.", Healing Arts Press, 1996

7. Babara Mazzarella, "Bach Flower Remidies for Children: A Parent's Guide.", Healing Arts Press, 1994

8. 李穎哲醫師著,《巴赫醫師的人生教科書》,巴赫實業,2007

9. 李穎哲醫師著,《巴赫醫師的心靈療癒法》,巴赫實業,2010

Note to Self

026

修訂版──感謝孩子的不完美

用花精幫助孩子穩定情緒

作　　者─林玫均
責任編輯─林曉郁
插　　畫─C.Lin
美術設計─小美事設計侍物 Biudesign.com
圖片提供─Julian Barnard（Healing Herbs Ltd.）

編輯總監─蘇清霖
發 行 人─趙政岷
出 版 者─時報文化出版企業股份有限公司

　　　　　10803 臺北市和平西路 3 段 240 號 7 樓
　　　　　發行專線─（02）2306-6842
　　　　　讀者服務專線─0800-231-705，（02）2304-7103
　　　　　讀者服務傳真─（02）2304-6858
　　　　　郵撥─19344724 時報文化出版公司
　　　　　信箱─臺北郵政 79~99 信箱

時報悅讀網─http://www.readingtimes.com.tw
電子郵件信箱─newlife@readingtimes.com.tw
時報出版愛讀者粉絲團─http://www.facebook.com/readingtimes.2
法律顧問─理律法律事務所　陳長文律師、李念祖律師
印　　刷─詠豐印刷有限公司
二版一刷─2019 年 7 月 12 日
定　　價─新臺幣 1200 元
（缺頁或破損的書，請寄回更換）

時報文化出版公司成立於一九七五年，
一九九九年股票上櫃公開發行，二〇〇八年脫離中時集團非屬旺中，
以「尊重智慧與創意的文化事業」為信念。

感謝孩子的不完美：用花精幫助孩子穩定情緒 /
林玫均著. -- 二版. -- 臺北市：時報文化，
2019.07
　　面；公分
ISBN 978-957-13-7865-7（精裝）

1. 親職教育 2. 情緒管理 3. 順勢療法

528.2　　　　　　　108010438

ISBN 978-957-13-7865-7
PRINTED IN TAIWAN